AF589053

INTRODUCTION AUX GRANDS SOLFÉGES DU CONSERVATOIRE

50

TABLEAUX-TYPES RÉSUMANT LES DIFFICULTÉS VOCALES ET RHYTHMIQUES

DE

LECTURE MUSICALE

ATLAS

DU

PETIT SOLFÉGE THÉORIQUE ET PRATIQUE

DE

ÉDOUARD BATISTE

Professeur de Solfége individuel et collectif au Conservatoire
Organiste du grand Orgue de Saint-Eustache, Directeur-Professeur de la Société chorale du Conservatoire

PRIX NET : 5 FRANCS

REPRODUCTION GÉANTE DES 50 TABLEAUX-TYPES POUR LES CLASSES D'ENSEMBLE DES LYCÉES, SÉMINAIRES, ORPHÉONS, NET : 100 FRANCS

Nouvelle Édition, format in-8°,

DES SOLFÉGES DU CONSERVATOIRE de CHERUBINI, CATEL, MÉHUL, GOSSEC, LANGLÉ, etc., etc., avec accompagnement de Piano ou Orgue, par ÉDOUARD BATISTE

1er LIVRE	2e LIVRE	3e LIVRE	4e LIVRE	5e LIVRE	6e LIVRE	7e ET 8e LIVRES
PETIT SOLFÉGE	EXERCICES ET LEÇONS	SOLFÉGES	SOLFÉGES	SOLFÉGES	LEÇONS ET SOLFÉGES	DERNIERS SOLFÉGES
THÉORIQUE ET PRATIQUE D'ÉDOUARD BATISTE	CHERUBINI, CATEL, GOSSEC, MÉHUL, LANGLÉ, ETC.	DANS TOUS LES TONS	D'UNE DIFFICULTÉ PROGRESSIVE	A 2, 3 ET 4 VOIX	DES PRÉCÉDENTS LIVRES SUR CLEFS D'UT	A CHANGEMENTS DE CLEFS PAR CHERUBINI
In-8°, avec Piano ou Orgue	In-8°, avec Piano ou Orgue	In-8°, avec Piano ou Orgue	In-8°, avec Piano et Orgue	In-8°, avec Piano et Orgue	In-8°, avec Piano ou Orgue	In-8°, avec Piano ou Orgue
Net : 8 fr.	Net : 7 fr.	Net : 10 fr.	Net : 10 fr.	Net : 10 fr.	Net : 10 fr.	Net : 10 et 15 fr.
ÉDITION POPULAIRE, net : 3 fr.	GR. FORMAT, BASSE CHIFF., net : 7 fr.	GR. FORMAT, BASSE CHIFF., net : 10 fr.	GR. FORMAT, BASSE CHIFF., net : 10 fr.	GR. FORMAT, BASSE CHIFF., net : 10 fr.	ÉDITION POPULAIRE, net : 3 fr.	GR. FORM., BASSE CHIFF., net : 10 et 15 f.

N. B. Les cinq premiers livres des SOLFÉGES DU CONSERVATOIRE, format in-8°, avec Piano ou Orgue, sont écrits et publiés pour les seules clefs de SOL et de FA. Les mêmes Solféges, grand format, ainsi que les 7e et 8e livres de CHERUBINI, sont écrits et publiés, grand format, pour toutes les clefs et à changements de clefs. Les 6e, 7e et 8e livres paraîtront prochainement dans le format in-8°. Les Principes de Musique du Conservatoire sont réimprimés, grand format, net : 5 fr.

RECUEIL DES PLUS CÉLÈBRES SOLFÉGES D'ITALIE, avec accompagnement de Piano ou Orgue, par ED. BATISTE. — Deux volumes in-8°, net 7 fr.

1er VOLUME, 25 LEÇONS SPÉCIALES, POUR BARYTON OU CONTRALTO. — 2e VOLUME, 25 LEÇONS SPÉCIALES, POUR TÉNOR OU SOPRANO.

PARIS, AU MÉNESTREL, 2 BIS, RUE VIVIENNE, HEUGEL ET Cie, ÉDITEURS-FOURNISSEURS DU CONSERVATOIRE

50 TABLEAUX-TYPES DE LECTURE MUSICALE

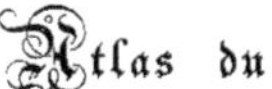  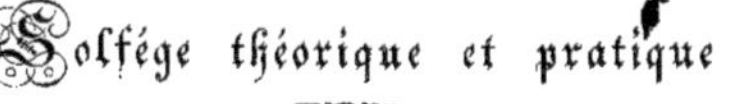 

Atlas du Petit Solfége théorique et pratique d'Édouard Batiste

INSTRUCTION GÉNÉRALE

Les exercices de ces tableaux, — qui dépassent le nombre de cinq cents, avec un seul accompagnement par tableau de douze exercices, — devront d'abord être étudiés lentement, posément, en s'assurant bien de la justesse d'intonation, et en exigeant que l'intonation se soutienne bien régulièrement, sans s'élever ou s'abaisser pendant la durée de chaque note. Pour obtenir plus sûrement ce résultat, le piano (ou l'orgue), touché par un élève, à défaut du professeur, donnera sous chaque note l'accord indiqué, et toute la sonorité devra être conservée pendant la durée entière de la note. En chantant alternativement, avec et sans accompagnement, chaque exercice, on arrivera à un contrôle plus complet de l'intonation. Mais il faut éviter avec soin d'accompagner, soit au piano, soit au violon, par de simples notes doublant le chant. C'est enlever toute initiative à l'élève et lui fausser la voix d'une manière à peu près certaine, en le privant, de plus, du sentiment de l'harmonie.

Les respirations ont été multipliées dans les exercices des premiers tableaux, mais dès que les élèves le pourront, ils feront bien de les espacer davantage, en supprimant les virgules intermédiaires; ces respirations intermédiaires ne représentent, d'ailleurs, que des quarts de respiration dans le chant mesuré, il faudra donc les prendre sans effort et d'une manière imperceptible à l'oreille.

Chacun de ces exercices ayant pour double but une difficulté vocale et une difficulté rhythmique, il sera indispensable de reposer fréquemment la voix de l'élève, en lui faisant battre la mesure et compter les valeurs de notes, sans chanter. Cette étude exclusivement rhythmique suivra l'étude purement vocale qui sera préalablement faite de chaque exercice, au moyen d'une baguette conductrice, indiquant les notes à chanter. Les valeurs de ces mêmes notes seront ensuite comptées à haute voix, tantôt par leurs temps, divisions et sous-divisions binaires et ternaires, tantôt par les noms mêmes des notes, articulés *en mesure*, mais sans chanter.

Ce n'est qu'après cette étude isolée, de l'intonation d'abord, de la mesure ensuite, qu'il faudra réunir intonation et rhythme, en frappant le temps fort de chaque mesure, soit du pied, soit de la main, ou d'une baguette, ce qui serait plus précis.

Après l'étude approfondie des douze exercices de chaque tableau, on trouvera, dans mon *Petit Solfége*, des leçons qui fournissent l'application immédiate de ces exercices, et, à côté de ces leçons, un grand nombre d'indications théoriques et pratiques sur la manière de travailler les tableaux et les leçons.

Nous recommandons aux professeurs comme aux élèves l'observation rigoureuse de tous ces avis, en appelant l'expérience du professeur à les compléter. Si le bon professeur fait la bonne méthode d'enseignement, il ne faut point oublier que le bon élève fait aussi le bon professeur. Il faudra surtout ne se point presser d'arriver; c'est le seul moyen d'arriver vite et bien. On ne devra donc passer à un nouveau tableau, à une nouvelle leçon, que lorsque l'élève sera parfaitement maître des exercices précédents, au double point de vue de l'intonation et du rhythme.

A l'intention des classes d'ensemble des colléges, des séminaires, des couvents, les éditeurs de cet *Atlas du Solfége* font spécialement imprimer des reproductions géantes de ces cinquante tableaux, de manière à permettre à cent élèves réunis la lecture en commun. Cette étude simultanée, qui donne les plus heureux résultats sous le rapport de l'émulation, et qui développe plus rapidement la justesse d'intonation et le sentiment de la mesure, ne saurait cependant faire négliger l'étude isolée de chaque voix. Que d'élèves, prétendus remarquables dans un cours de solfége, seraient sans mérite réel livrés à eux-mêmes! C'est là ce qui ne doit pas être. Il faut diviser, subdiviser et même *isoler* les élèves, de manière à donner à chacun d'eux une valeur individuelle relative. Les uns reposeront les autres, et ceux qui écoutent bien profiteront même des fautes commises par leurs voisins. Ces examens isolés, ce contrôle incessant des élèves par les élèves eux-mêmes, sont les seules preuves pratiques des résultats obtenus sur chacun, dans un cours d'ensemble. Ils tiendront en garde contre les succès trompeurs dont l'enseignement simultané ne fournit que trop de preuves.

ÉDOUARD BATISTE,
Professeur de Solfége individuel et collectif au Conservatoire,
Organiste du grand orgue de Saint-Eustache,
Directeur-professeur de la Société chorale du Conservatoire.

N. B. Pour ne point fatiguer les voix et reposer les élèves des exercices pratiques, il faudra les interroger fréquemment sur tous les éléments théoriques de ces cinquante tableaux et des cent leçons du PETIT SOLFÉGE. Il sera également indispensable, non-seulement de leur faire copier et transcrire dans différents tons un certain nombre de ces tableaux et leçons, mais de leur dicter à haute voix, soit en chantant, soit au moyen du piano ou de l'orgue, d'abord de simples intonations, puis des chants mesurés (les leur faisant écrire sous la dictée même). L'écriture musicale par les élèves est un moyen puissant de faire plus promptement des lecteurs. Afin de les récréer et de développer en eux le sentiment de l'harmonie, les leçons à deux et à trois voix ne devront pas être négligées, même au début après l'étude des premiers tableaux et des premières leçons. Dans ce but et comme introduction progressive aux *grands Solféges d'ensemble* du CONSERVATOIRE, les professeurs pourront faire travailler à leurs élèves les meilleures pages de recueils élémentaires, tels que les *Concerts de la jeunesse*, de Mlle ROBERT MAZEL, la *Bibliothèque chorale*, de GEORGES KASTNER, le *Concert à la pension*, d'AMÉDÉE ARNAUD, les *Chants du Ciel* de A. THYS, les *Chants* de FRANÇOIS STOEPEL, la *Distribution des prix*, de l'ABBÉ JOUVE, les *Fêtes [illegible] et Hymnes sacrées*, de LUIGI BORDÈSE, les *Prières quotidiennes*, de A. DE PELLAERT, la *Journée sainte*, de LAIR DE BEAUVAIS, les *Cantiques et Chants sacrés*, de J. COSSEL, enfin et particulièrement les morceaux de la PETITE ET GRANDE MAITRISE, qui initieront les élèves à la musique des maîtres. Ils trouveront aussi dans l'*Orphéon classique et populaire*, de LUIGI BORDÈSE, les transcriptions chorales, à trois et à quatre voix, des plus belles œuvres vocales et instrumentales de nos grands maîtres. Cette étude chorale, bien progressivement présentée, sera de plus une excellente préparation à la mise des paroles sous la musique, et à ce sujet le professeur devra exiger l'articulation bien nette, bien précise, de chaque syllabe, sans aucune exagération toutefois, c'est-à-dire sans contraction de la bouche, sans sifflement ni grasseyement. Il devra exiger aussi de chaque élève un son de voix toujours juste, toujours agréable, dans la force comme dans le *pianissimo*, et obtenir les nuances d'ensemble et de détail, de manière à former non-seulement des lecteurs mais encore des chanteurs.

TABLE DES 50 TABLEAUX-TYPES DE LECTURE MUSICALE

ATLAS DU PETIT SOLFÉGE THÉORIQUE ET PRATIQUE D'ÉDOUARD BATISTE

LECTURE MUSICALE

DU

PETIT SOLFÉGE

D'ÉDOUARD BATISTE

CLAVIER DU PIANO.

REPRODUCTION GÉANTE DE CES 50 TABLEAUX POUR LES CLASSES D'ENSEMBLE

DES

LYCÉES, SÉMINAIRES, ORPHÉONS, ETC.

Prix net : 100 francs

Paris. — Typ. Morris et Cie, rue Amelot, 64.

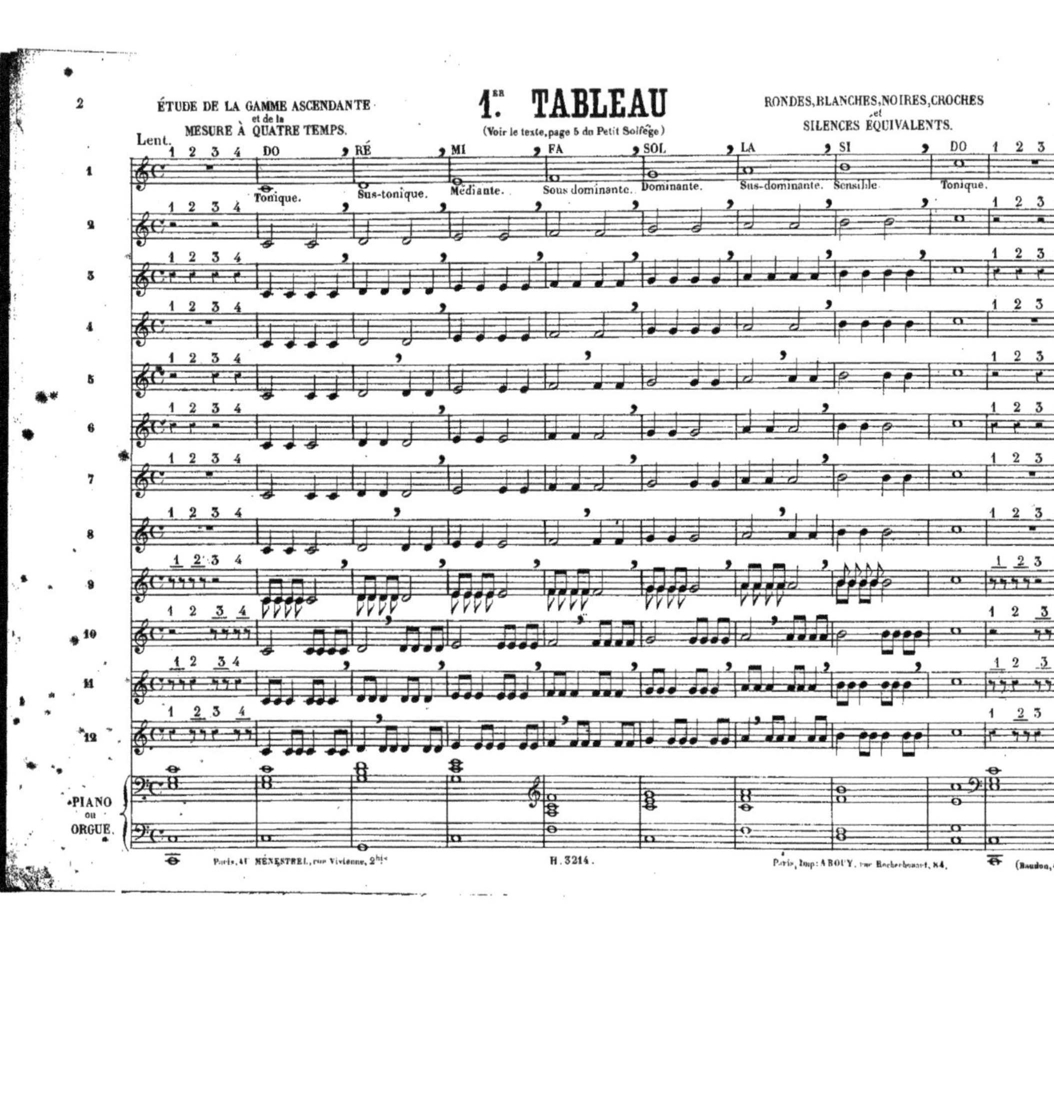
2
ÉTUDE DE LA GAMME ASCENDANTE
et de la
MESURE À QUATRE TEMPS.
1.er TABLEAU
(Voir le texte, page 5 du Petit Solfège)
RONDES, BLANCHES, NOIRES, CROCHES
et
SILENCES ÉQUIVALENTS.
Lent.
DO
RÉ
MI
FA
SOL
LA
SI
DO
Tonique.
Sus-tonique.
Médiante.
Sous dominante.
Dominante.
Sus-dominante.
Sensible.
Tonique.
PIANO
ou
ORGUE.
Paris, AU MÉNESTREL, rue Vivienne, 2bis
H. 3214.
Paris, Imp: AROUY, rue Rochechouart, 84.

ÉTUDE DE LA GAMME DESCENDANTE
et de la
MESURE À QUATRE TEMPS.

2ME TABLEAU

(Voir le texte, page 5 du Petit Solfège)

RONDES, BLANCHES, NOIRES, CROCHES
et
SILENCES ÉQUIVALENTS.

1 2 3 4 DO SI LA SOL FA MI RÉ DO 1 2 3 4

Tonique. Sensible. Sus-dominante. Dominante. Sous-dominante. Médiante. Sus-tonique. Tonique.

ÉTUDE DE LA GAMME ASCENDANTE et de la MESURE À QUATRE TEMPS.

3.me TABLEAU

(Voir le texte, pages 3 et 4 du Petit Solfége)

PAUSES, DEMI-PAUSES, SOUPIRS, DEMI-SOUPIRS et VALEURS ÉQUIVALENTES.

Lent.

N.B. — Dans ce tableau les silences tiennent lieu de ponctuation.

ÉTUDE DE LA GAMME DESCENDANTE
et de la
MESURE À QUATRE TEMPS.

4.ME TABLEAU

(Voir le texte, pages 3 et 4 du Petit Solfège)

PAUSES, DEMI-PAUSES, SOUPIRS, DEMI-SOUPIRS
et
VALEURS ÉQUIVALENTES.

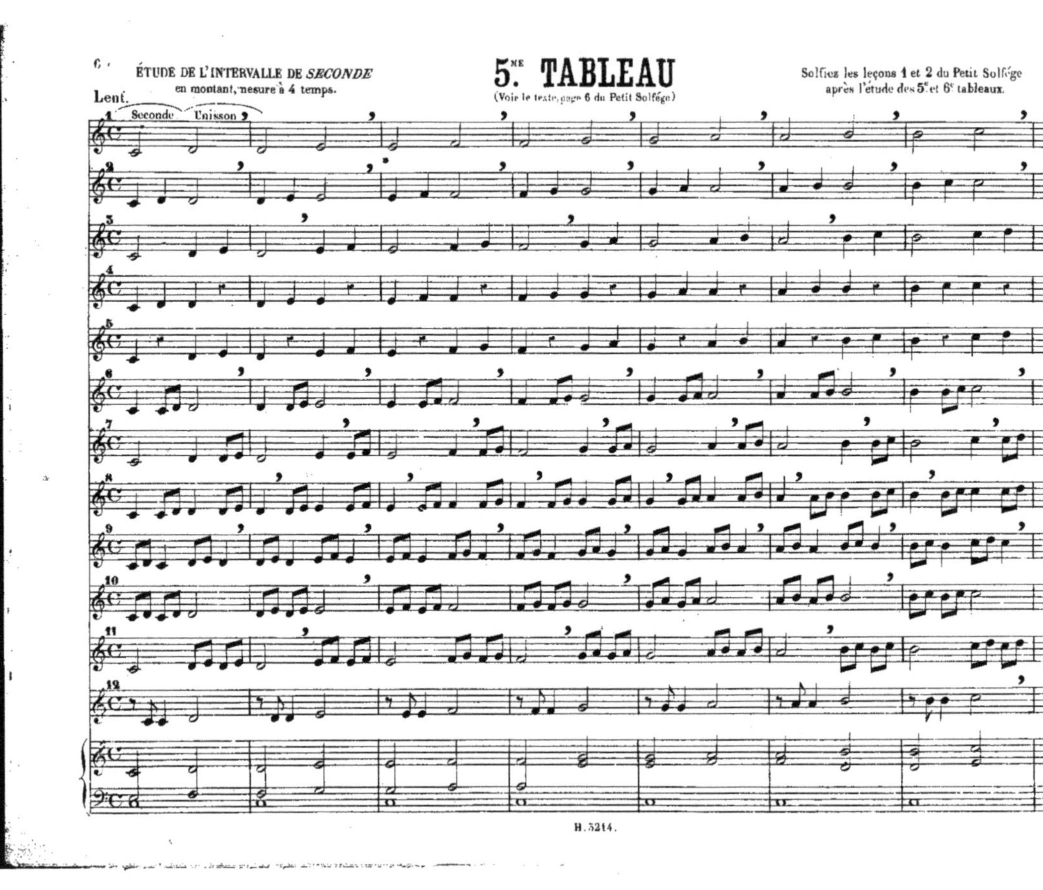
6
ÉTUDE DE L'INTERVALLE DE SECONDE
en montant, mesure à 4 temps.
5.me TABLEAU
(Voir le texte, page 6 du Petit Solfége)
Solfiez les leçons 1 et 2 du Petit Solfége
après l'étude des 5e et 6e tableaux.
Lent.
Seconde
Unisson
1
2
3
4
5
6
7
8
9
10
11
12
H.3214.

ÉTUDE DE L'INTERVALLE DE *SECONDE*
en descendant, mesure à 4 temps.

6.me TABLEAU

(Voir le texte, page 6 du Petit Solfége)

Solfiez les leçons 1 et 2 du Petit Solfége
après l'étude des 5.e et 6.e tableaux.

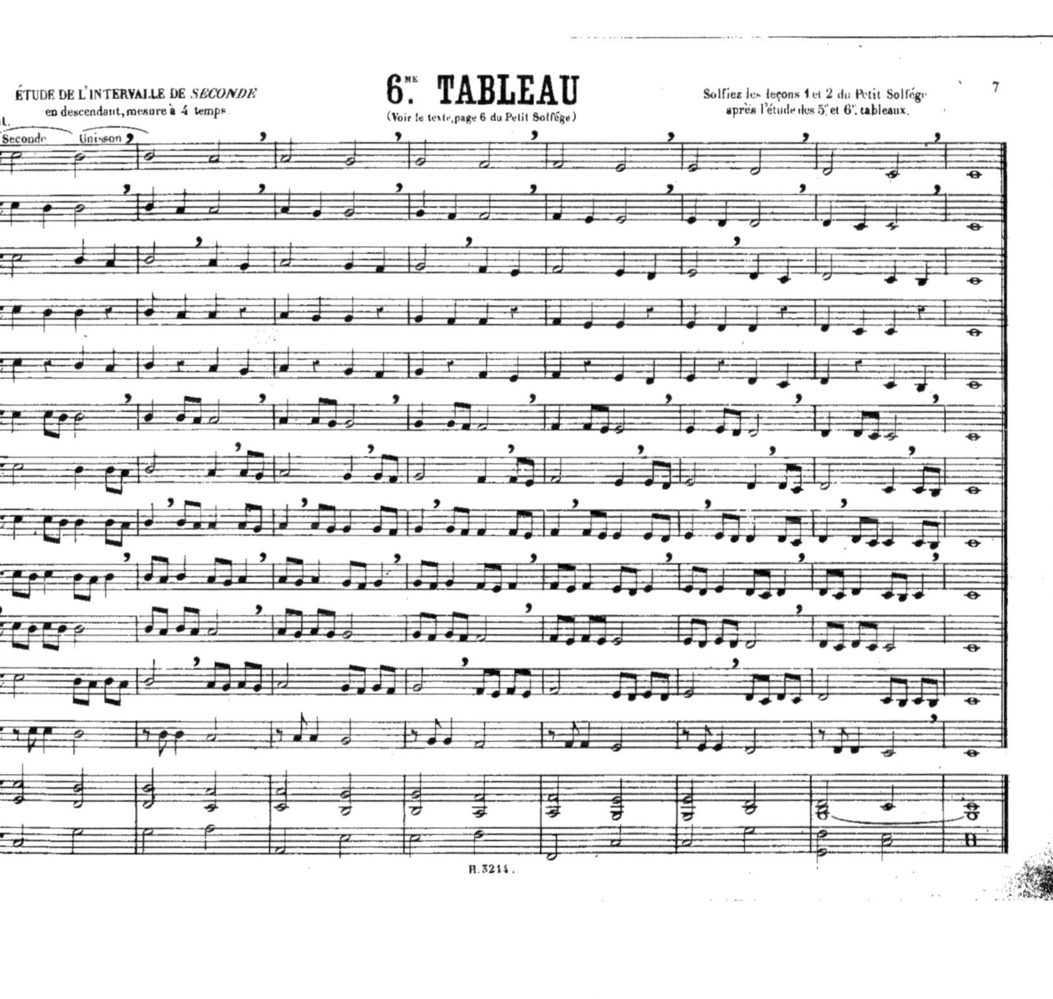

7.me TABLEAU

(Voir le texte, page 9 du Petit Solfége)

ÉTUDE DE L'INTERVALLE DE *TIERCE*
en montant, mesure à 4 temps.

Solfiez les leçons 3 et 4 du Petit Solfége
après l'étude des 7.e et 8.e tableaux.

TUDE DE L'INTERVALLE DE *TIERCE*
en descendant, mesure à 4 temps.

8.me TABLEAU

(Voir le texte, page 9 du Petit Solfége)

Solfiez les leçons 3 et 4 du Petit Solfége
après l'étude des 7.e et 8.e tableaux.

9.me TABLEAU

(Voir le texte, page 11 du Petit Solfége)

ÉTUDE DE L'INTERVALLE DE *QUARTE*
en montant, mesure à 4 temps.

Solfiez les leçons 5 et 6 du Petit Solfége
après l'étude des 9.e et 10.e tableaux.

ÉTUDE DE L'INTERVALLE DE *QUARTE*
en descendant, mesure, à 4 temps.

10.me TABLEAU

(Voir le texte, page 11 du Petit Solfége)

Solfiez les leçons 5 et 6 du Petit Solfége
après l'étude des 9e et 10e tableaux.

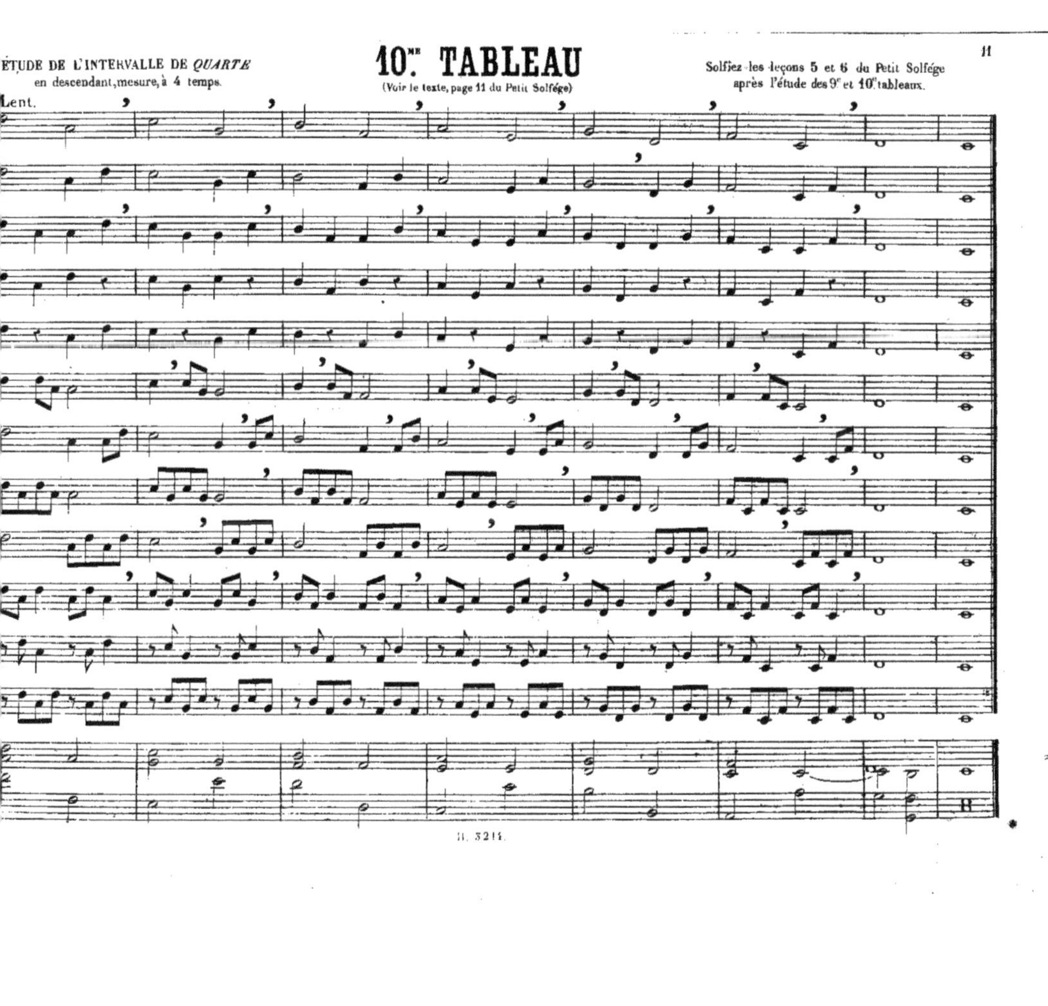

ÉTUDE DE L'INTERVALLE DE *QUINTE*
en montant, mesure à 4 temps.

11.me TABLEAU

(Voir le texte, page 14 du Petit Solfége)

Solfiez les leçons 7 et 8 du Petit Solfége après l'étude des 11.e et 12.e tableaux.

1 Lent.

2

3

4

5

6

7

8

9

10

11

12

12.me TABLEAU

(Voir le texte, page 14 du Petit Solfége)

ÉTUDE DE L'INTERVALLE DE *QUINTE*
en descendant, mesure à 4 temps.

Solfiez les leçons 7 et 8 du Petit Solfége
après l'étude des 11e et 12e tableaux.

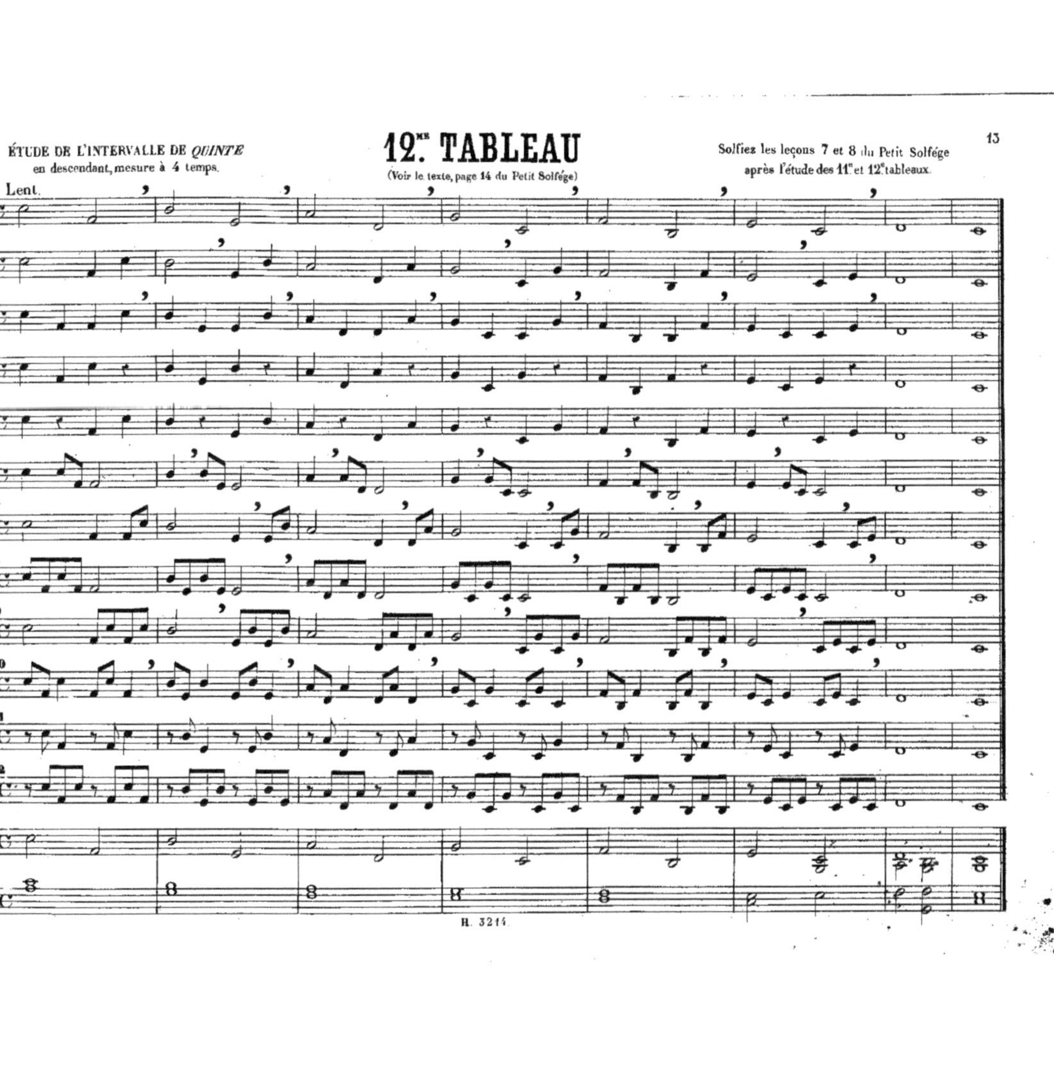

ÉTUDE DE L'INTERVALLE DE *SIXTE*
en montant, mesure à 4 temps.

13.me TABLEAU

(Voir le texte, page 16 du Petit Solfége)

Solfiez les leçons 9 et 10 du Petit Solfége
après l'étude des 13.e et 14.e tableaux.

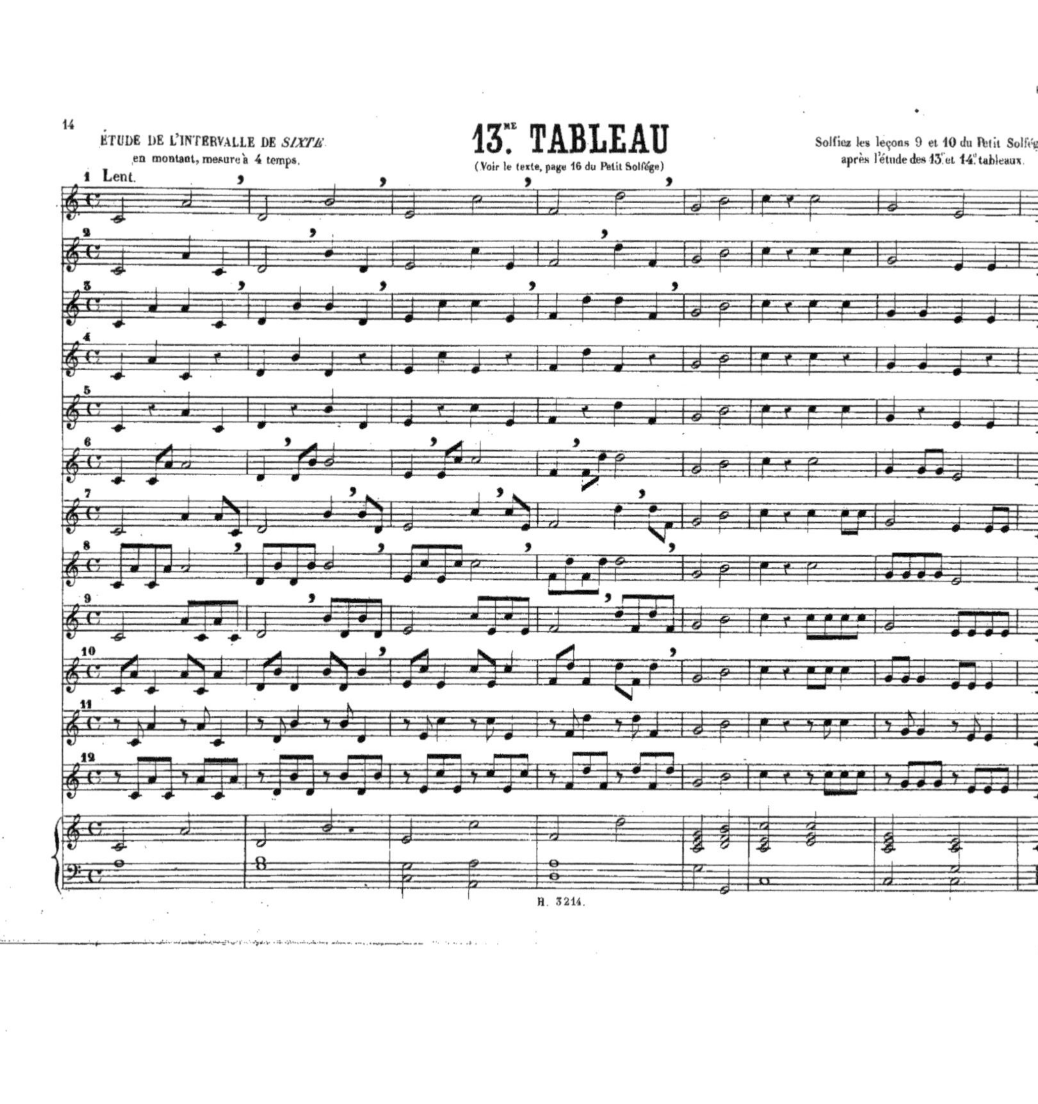

ÉTUDE DE L'INTERVALLE DE *SIXTE*
en descendant, mesure à 4 temps.

14.ME TABLEAU

(Voir le texte, page 16 du Petit Solfége)

Solfiez les leçons 9 et 10 du Petit Solfége
après l'étude des 13.e et 14.e tableaux.

1 Lent

2

3

4

5

6

7

8

9

10

11

12

ÉTUDE DE L'INTERVALLE DE *SEPTIÈME* en montant et en descendant.

15.me TABLEAU

(Voir le texte page, 18 du Petit Solfége)

Solfiez les leçons 11 et 12 du Petit Solfége après l'étude du 15.e tableau.

ÉTUDE DE L'INTERVALLE D'*OCTAVE*
en montant et en descendant.

16.me TABLEAU

(Voir le texte, page 20 du Petit Solfége)

Solfiez les leçons 13 et 14 du Petit Solfége
après l'étude 16e tableau.

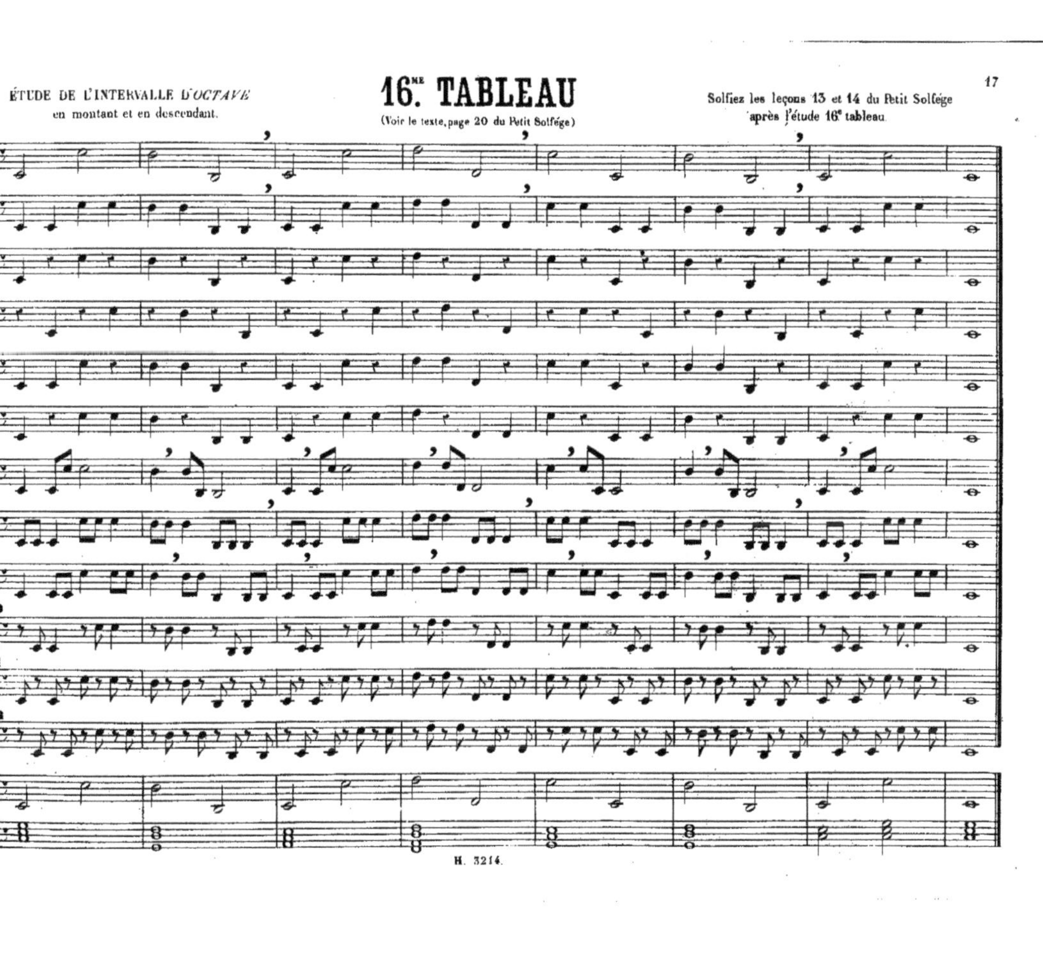

RESUMÉ DE TOUS LES INTERVALLES contenus dans l'OCTAVE en montant, mesure à 2 temps.

17.me TABLEAU

SECONDE, TIERCE, QUARTE, SIXTE, SEPTIÈME et OCTAVE.

18me TABLEAU

RÉSUMÉ DE TOUS LES INTERVALLES contenus dans l'OCTAVE en descendant, mesure à 2 temps.

SECONDE, TIERCE, QUARTE, QUINTE, SIXTE, SEPTIÈME et OCTAVE.

ÉTUDE DE L'INTERVALLE DE *NEUVIÈME*
en montant et en descendant.

19me TABLEAU

(Voir le texte, page 22 du Petit Solfége)

Solfiez les leçons 15 et 16 du Petit Solfége après l'étude du 19e tableau.

Lent.

1 2 3 4 5 6 7 8 9 10 11 12

ÉTUDE DE L'INTERVALLE DE *DIXIÈME*
en montant et en descendant.

20me TABLEAU

(Voir le texte, page 24 du Petit Solfége).

Solfiez les leçons 17 et 18 du Petit Solfége après l'étude du 20e tableau.

ÉTUDE DES NOTES POINTÉES et DES SILENCES POINTÉS
appliqués à la gamme ascendante.

21.me TABLEAU

(Voir le texte, page 26 du Petit Solfége)

Solfiez les leçons 19 et 20 du Petit Solfége
après l'étude des 21.e et 22.e tableaux.

1 Lent.

2

3

4

5

6

7

8

9

10

11

12

ÉTUDE DES NOTES POINTÉES et DES SILENCES POINTÉS appliqués à la gamme descendante.

22ME. TABLEAU

(Voir le texte, page 26 du Petit Solfége)

Solfiez les leçons 19 et 20 du Petit Solfége après l'étude des 21e. et 22e. tableaux.

Lent.

ÉTUDE DE LA GAMME CHROMATIQUE EN MONTANT
et des *chromatiques ascendantes.*

23.me TABLEAU

(Voir le texte, pages 29 et 30 du Petit Solfége)

Solfiez les leçons 22, 23 et 24 du Petit Solfége
après l'étude des 23.e et 24.e tableaux.

(1) Accélérez le mouv.t du N.o 1, afin d'interrompre le moins possible la progression chromatique.

ÉTUDE DE LA GAMME CHROMATIQUE EN DESCENDANT
et des *chromatiques descendantes.*

24.ME TABLEAU

(Voir le texte, pages 29 et 30, du Petit Solfége)

Solfiez les leçons 22, 23 et 24 du Petit Solfége
après l'étude des 23.e et 24.e tableaux.

Moins lent.

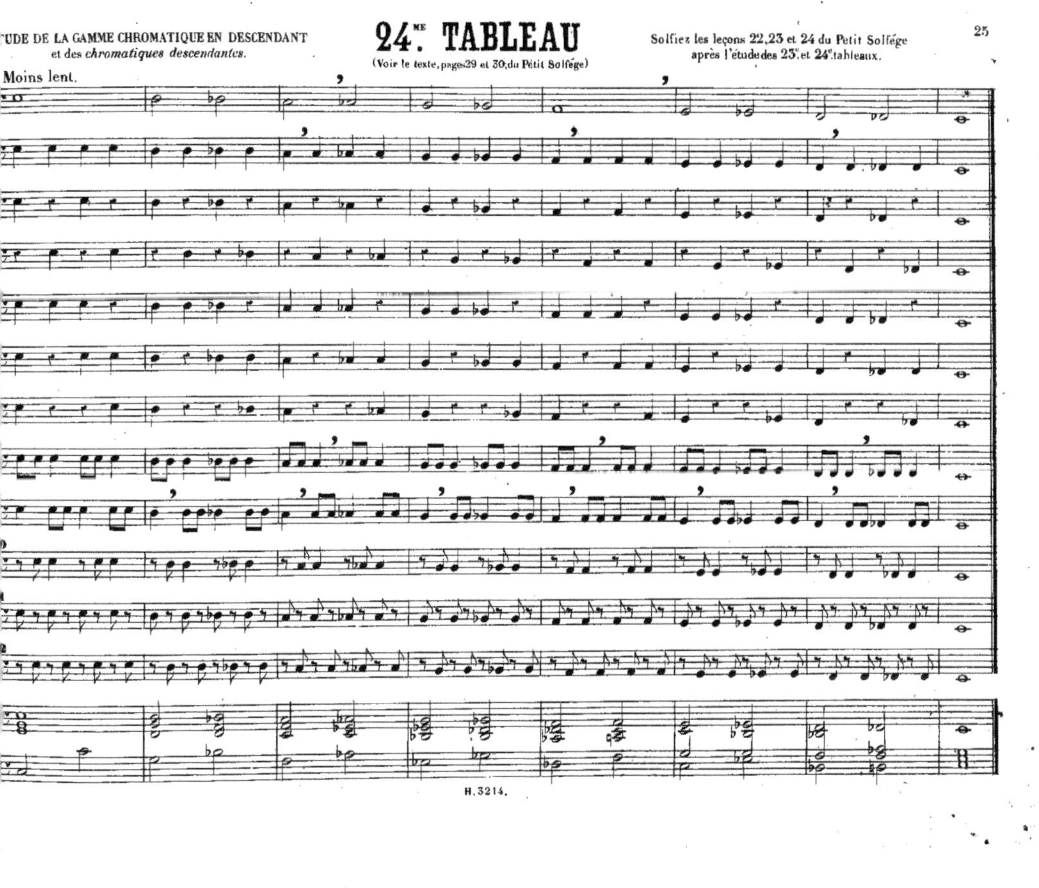

ÉTUDE DES *NOTES SYNCOPÉES*
Syncopes égales, et inégales ou brisées.

25.me TABLEAU

(Voir le texte, page 38, du Petit Solfége)

Solfiez les leçons 25 et 26 du Petit Solfége après l'étude du 25e tableau.

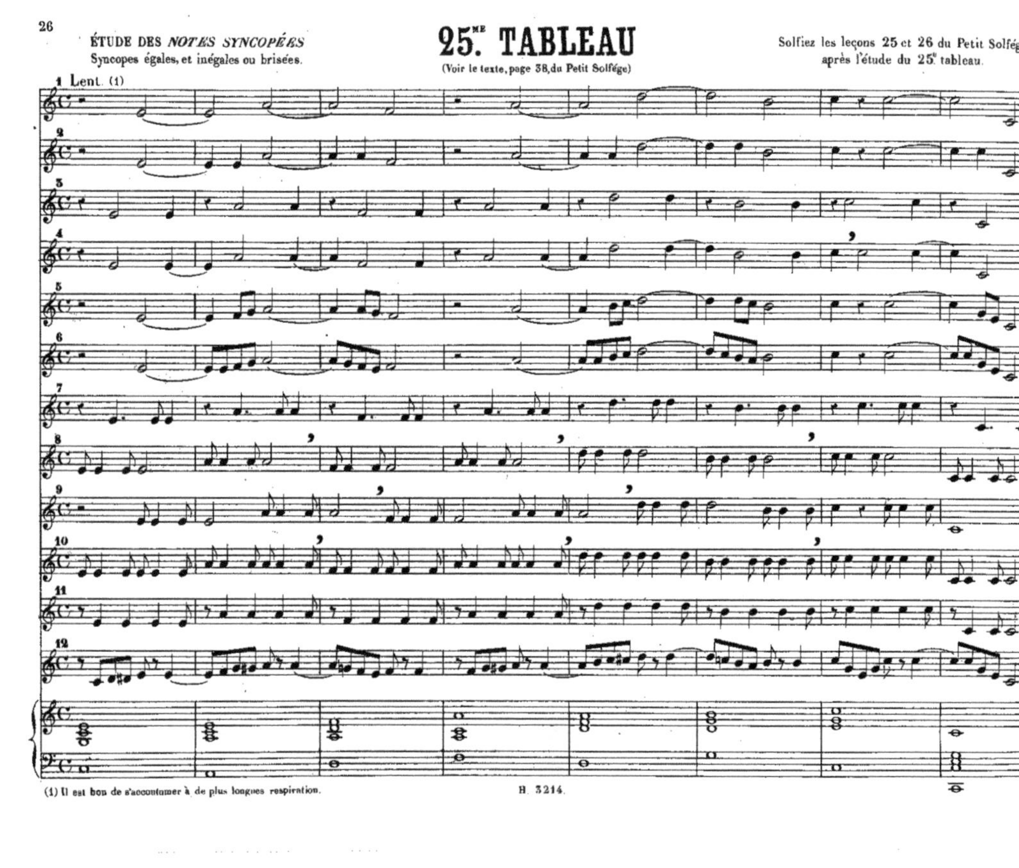

(1) Il est bon de s'accoutumer à de plus longues respiration.

ÉTUDE DES TRIOLETS.

26.me TABLEAU

(Voir le texte, page 43, du Petit Solfége)

Solfiez les leçons 27 et 28 du Petit Solfége après l'étude du 26.e tableau.

ent.

ÉTUDE DE LA MESURE À $\frac{2}{4}$.
mesure simple à temps binaires.

27.me TABLEAU

(Voir le texte, pages 28 et 29 du Petit Solfège)

NOIRES, CROCHES, DOUBLES-CROCHES,
NOTES POINTÉES, TRIOLETS et SILENCES.

(1) Respiration de quatre mesures.

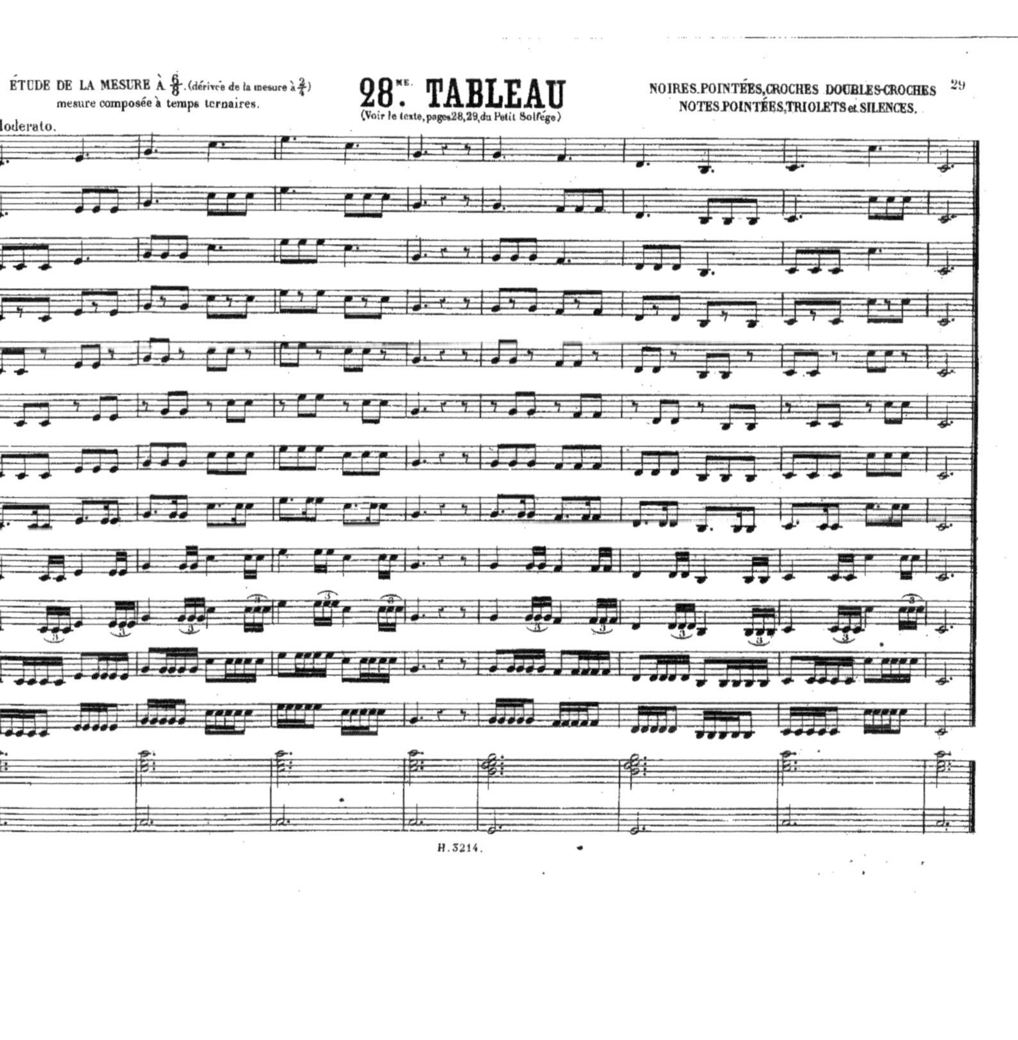
ÉTUDE DE LA MESURE À 6/8. (dérivée de la mesure à 2/4)
mesure composée à temps ternaires.
28ME. TABLEAU
(Voir le texte, pages 28, 29, du Petit Solfège)
NOIRES.POINTÉES, CROCHES DOUBLES-CROCHES
NOTES POINTÉES, TRIOLETS et SILENCES.
29
Moderato.
3
H. 3214.

ÉTUDE DE LA MESURE À $\frac{3}{4}$
mesure simple à temps binaires.

29.me TABLEAU

(Voir le texte, page 28 et 29 du Petit Solfége)

NOIRES, CROCHES, DOUBLES CROCHES,
NOTES POINTÉES, TRIOLETS et SILENCES

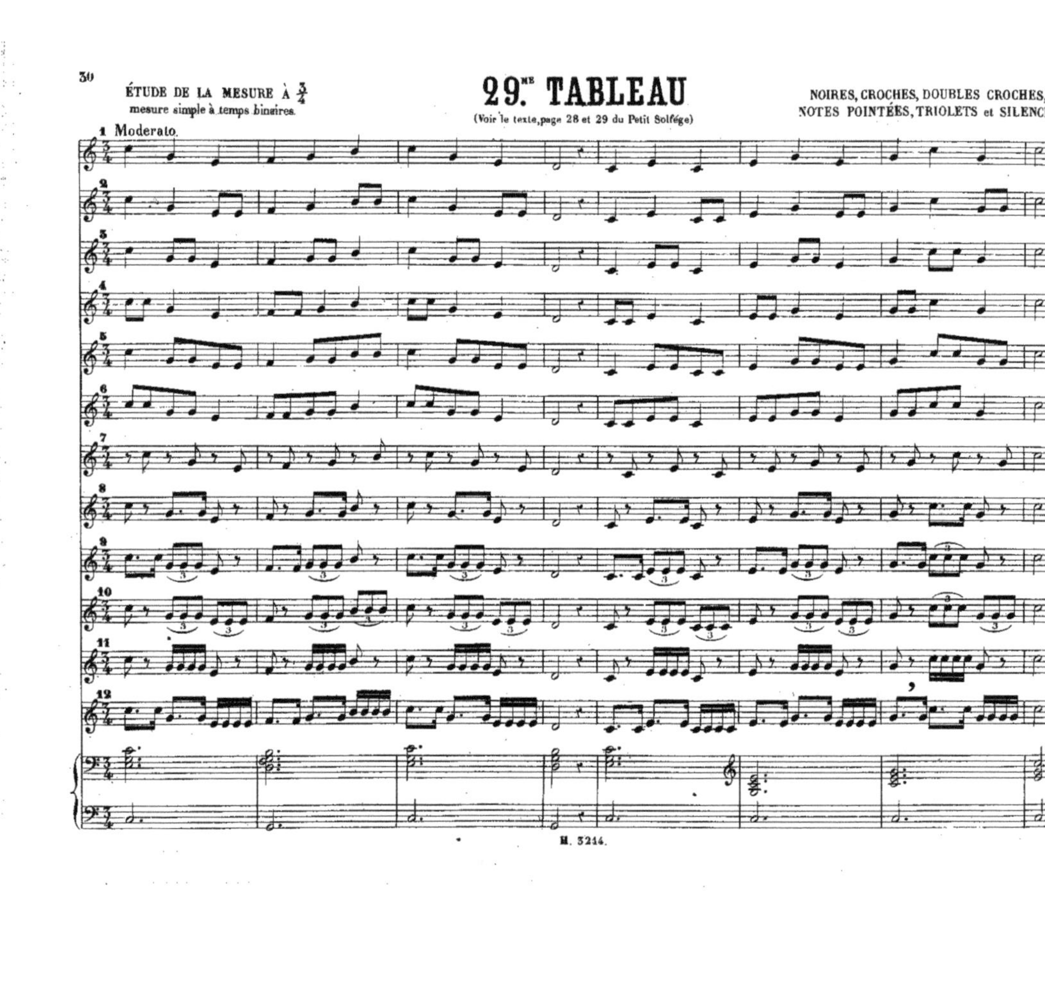

ÉTUDE DE LA MESURE À $\frac{9}{8}$ (dérivée de la mesure à $\frac{3}{4}$) mesure composée à temps ternaires.

30.me TABLEAU

(Voir le texte, page 28 et 29, du Petit Solfège)

NOIRES POINTÉES, CROCHES, DOUBLES CROCHES, NOTES POINTÉES, TRIOLETS et SILENCES.

1 Moderato

2

3

4

5

6

7

8

9

10

11

12

ÉTUDE DE LA MESURE À C ou $\frac{4}{4}$
mesure simple à temps binaires.

31.me TABLEAU

(Voir le texte, page 28 et 29, du Petit Solfège)

NOIRES CROCHES DOUBLES CROCHES
NOTES POINTÉES TRIOLETS et SILENCE

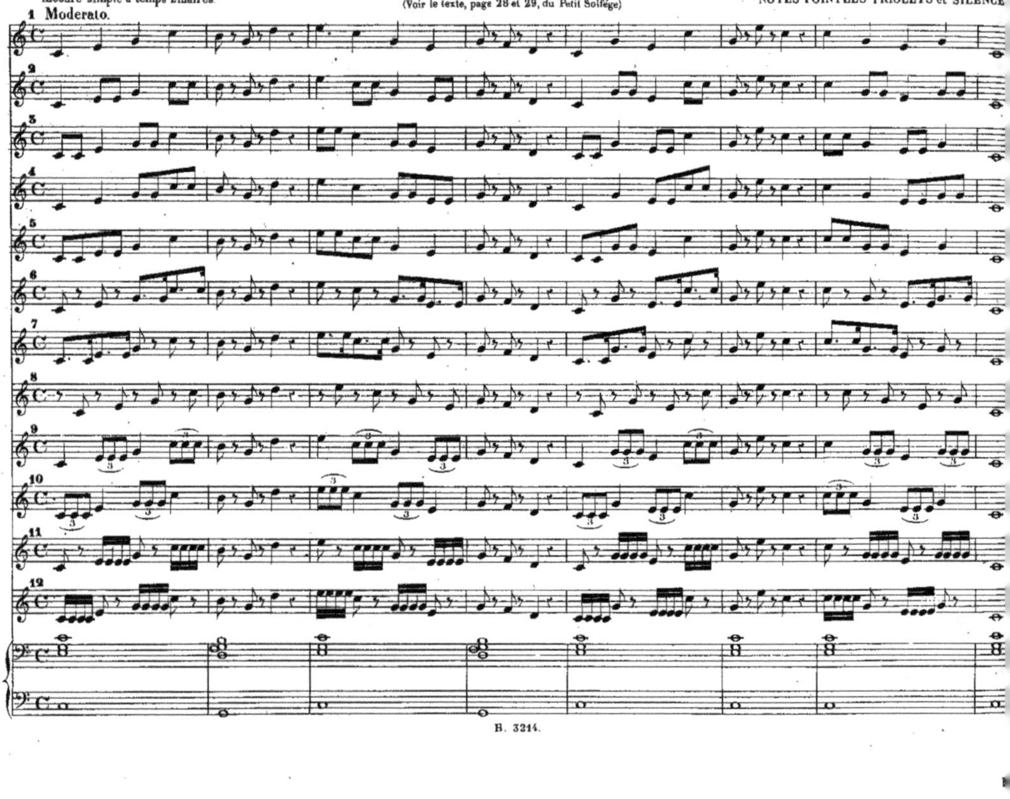

ÉTUDE DE LA MESURE À $\frac{12}{8}$ (dérivée de la mesure à C)
mesure composée à temps ternaires.

32.me TABLEAU

(Voir le texte, page 28 et 29, du Petit Solfége)

NOIRES POINTÉES, CROCHES, DOUBLES CROCHES,
NOTES POINTÉES, TRIOLETS et SILENCES.

1 Moderato.

2

3

4

5

6

7

8

9

10

11

12

ÉTUDE DE LA GAMME MINEURE TYPE, ayant trois demi-tons placés du 2e au 3e, du 5e au 6e et du 7e au 8e degré.

33me TABLEAU

(Voir le texte, page 52 du Petit Solfége)

RONDES, BLANCHES, CROCHES, SOUPIRS et DEMI-SOUPIRS.

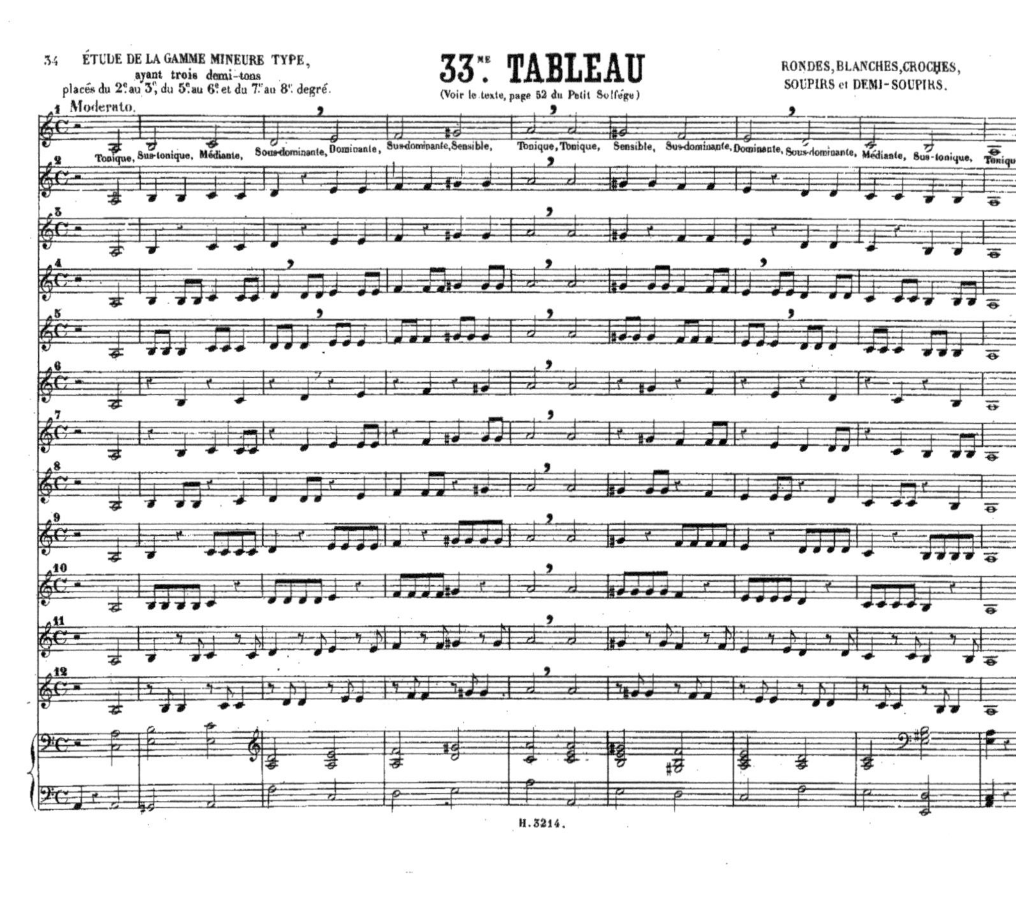

33.me TABLEAU
(BIS)

ÉTUDE DE LA GAMME MINEURE MODIFIÉE,
n'ayant que deux demi-tons du 2.e au 3.e et du 7.e au 8.e degré en montant;
du 6.e au 5.e et du 3.e au 2.e en descendant.

RONDES, BLANCHES, NOIRES, CROCHES, DOUBLES-CROCHES
NOTES POINTÉES, SYNCOPES et TRIOLETS.

(Voir le texte page 52 du Petit Solfége)

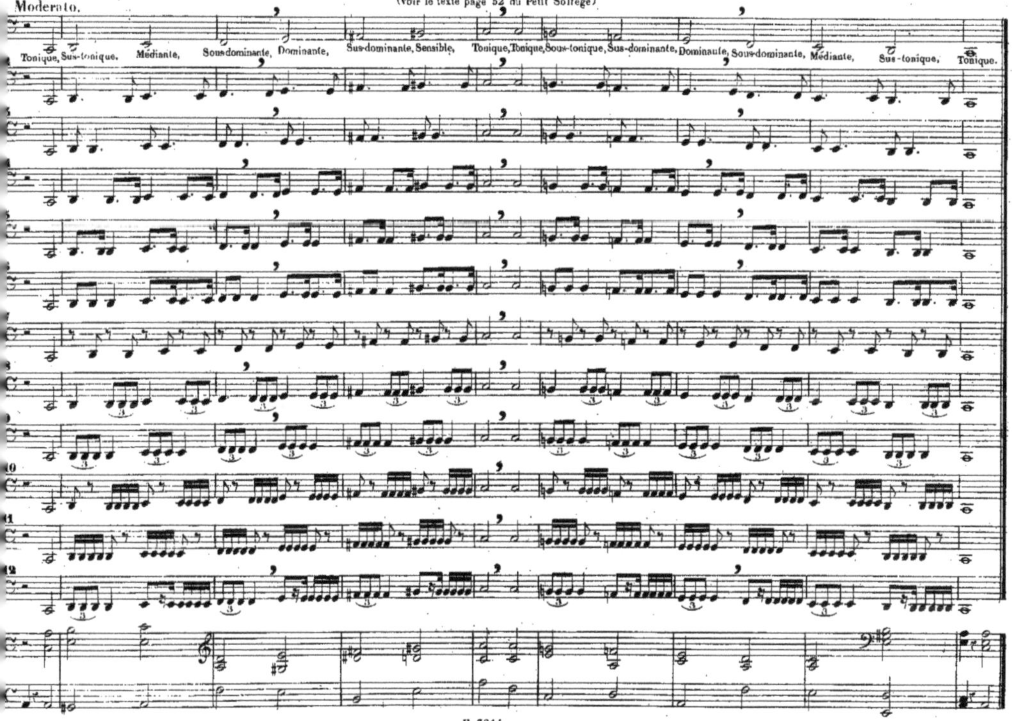
Moderato.
Tonique, Sus-tonique, Médiante, Sous-dominante, Dominante, Sus-dominante, Sensible, Tonique, Tonique, Sous-tonique, Sus-dominante, Dominante, Sous-dominante, Médiante, Sus-tonique, Tonique.
1
2
3
4
5
6
7
8
9
10
11
12

ÉTUDE DES INTONATIONS DIFFICILES,
Seconde augmentée et Quarte diminuée du mode mineur.
Mesure à $\frac{3}{4}$.

34ME. TABLEAU

(Voir le texte, page 51 du Petit Solfége)

Solfiez les leçons 31 et 32 du Petit Solfége après l'étude du 34e. tableau.

ÉTUDE DES INTONATIONS DIFFICILES.
Seconde augmentée et quarte diminuée du mode mineur.
Mesure à $\frac{3}{8}$.

34me. TABLEAU
(BIS)

(Voir le texte, page 51 du Petit Solfége)

Solfiez les leçons 31bis et 32bis du Petit Solfége après l'étude du tableau 34bis.

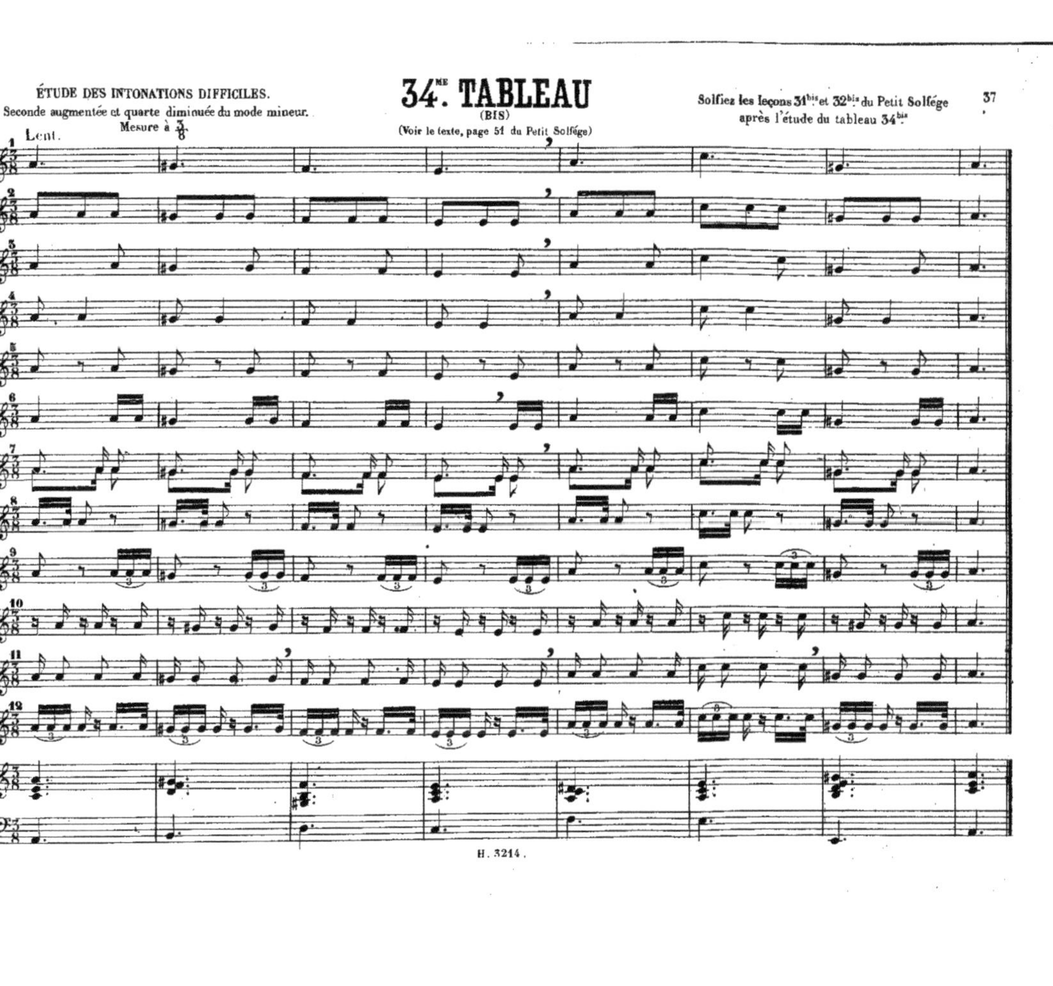

ÉTUDE COMPARATIVE
de toutes les gammes majeures et mineures.

35.me TABLEAU

CE TABLEAU
est de simple démonstration.

GAMME TYPE, SERVANT DE MODÈLE À TOUTES LES AUTRES GAMMES.

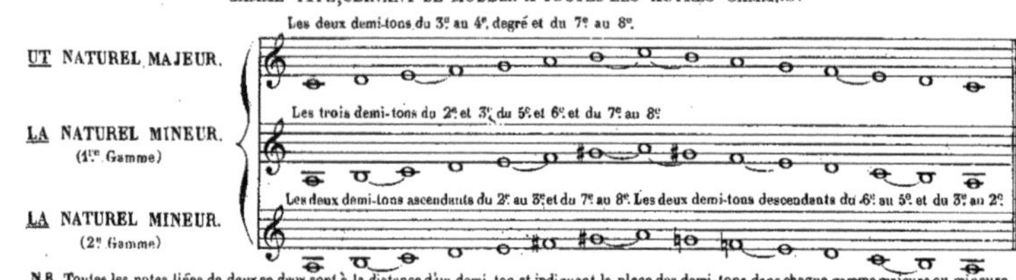

N.B._Toutes les notes liées de deux en deux sont à la distance d'un demi-ton et indiquent la place des demi-tons dans chaque gamme majeure ou mineure.

TONS DIÈZÉS. TONS BÉMOLISÉS.

35.me TABLEAU
(SUITE)

TONS DIÈZÉS.

NATUREL MAJEUR.

UT ♯ MINEUR.
(1re Gamme)

UT ♯ MINEUR.
(2e Gamme)

NATUREL MAJEUR.

SOL ♯ MINEUR.
(1re Gamme)

SOL ♯ MINEUR.
(2e Gamme)

FA ♯ MAJEUR.

RÉ ♯ MINEUR.
(1re Gamme)

RÉ ♯ MINEUR.
(2e Gamme)

UT ♯ MAJEUR.

LA ♯ MINEUR.
(1re Gamme)

LA ♯ MINEUR.
(2e Gamme)

TONS BÉMOLISÉS.

LA ♭ MAJEUR.

FA NATUREL MINEUR.
(1re Gamme)

FA NATUREL MINEUR.
(2e Gamme)

RÉ ♭ MAJEUR.

SI ♭ MINEUR.
(1re Gamme)

SI ♭ MINEUR.
(2e Gamme)

SOL ♭ MAJEUR.

MI ♭ MINEUR.
(1re Gamme)

MI ♭ MINEUR.
(2e Gamme)

UT ♭ MAJEUR.

LA ♭ MINEUR.
(1re Gamme)

LA ♭ MINEUR.
(2e Gamme)

36.me TABLEAU

ÉTUDE DE LA TRANSPOSITION.

Voyez le texte, page 64 du Petit Solfége.

36.me TABLEAU

(SUITE)

ÉTUDE DE LA TRANSPOSITION.

Voyez le texte, page 64 du Petit Solfège.

Moderato.

Même exercice transposé en *RÉ* ♮ majeur.

Faites chanter cet exercice en *RÉ* ♭ majeur avec 5 ♭.

mp!

Même exercice transposé en *SI* ♭ majeur.

Faites chanter cet exercice en *SI* ♮ majeur avec 5 ♯.

mp!

Même exercice transposé en *MI* ♭ majeur.

Faites chanter cet exercice en *MI* ♮ majeur avec 4 ♯.

mp!

37ME TABLEAU

ÉTUDE DE LA TRANSPOSITION.

Voyez le texte, page 64 du Petit Solfége.

37.me TABLEAU

(SUITE)

ÉTUDE DE LA TRANSPOSITION.

Voyez le texte, page 64 du Petit Solfége.

ÉTUDE DE LA GAMME DE *FA* NATUREL MAJEUR
et de la mesure à $\frac{2}{4}$.

38.me TABLEAU

(Voir le texte, page 58 du Petit Solfége)

Solfiez les leçons 59, 60 et 61 du Petit Solfége
après l'étude du 38.e tableau.

ÉDE DE LA GAMME DE *RÉ* NATUREL MINEUR
et de la mesure à $\frac{2}{4}$.

39.me TABLEAU

(Voir le texte, page 58 du Petit Solfége)

Solfiez les leçons 62,63 et 64 du Petit Solfége
après l'étude de ce 39e tableau.

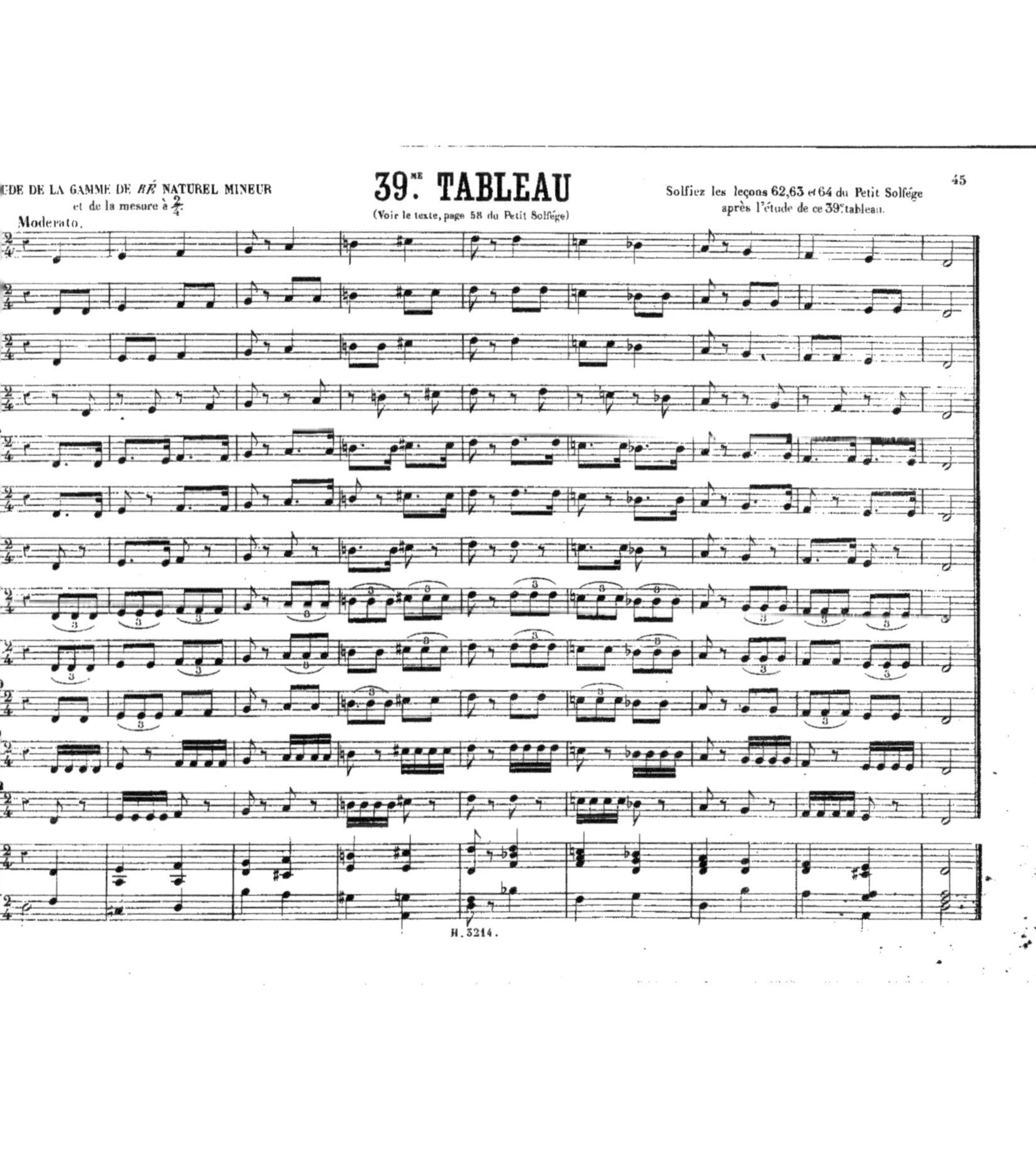

ÉTUDE DE LA GAMME DE *SOL* NATUREL MAJEUR
et de la mesure composée à $\frac{6}{8}$.

40.me TABLEAU

(Voir le texte, page 58 du Petit Solfége)

Solfiez les leçons 65,66 et 67 du Petit Solfége après l'étude du 40.e tableau.

1 Moderato.

2

3

4

5

6

7

8

9

10

11

12

47
UDE DE LA GAMME DE MI NATUREL MINEUR
et de la mesure composée à 6/8
41.me TABLEAU
(Voir le texte, page 133 du Petit Solfége)
Solfiez les leçons 73 et 74 du Petit Solfége
après l'étude du 41.e tableau.
Moderato.
H. 3214.

ÉTUDE DE LA* MESURE COMPOSÉE À $\frac{6}{4}$
et du ton de *si* ♭ majeur.

42.ME TABLEAU

(Voir le texte, page 133 du Petit Solfége)

Solfiez les leçons 73 et 74 du Petit Solfége après l'étude du 42e tableau.

1 Moderato.

2

3

4

5

6

7

8

9

10

11

12

ÉTUDE DE LA MESURE COMPOSÉE À $\frac{9}{8}$
et du ton de *mi* ♭ majeur.

43.me TABLEAU

(Voyez le texte, page 48 du Petit Solfége)

Solfiez les leçons de 78 à 81 du Petit Solfége après l'étude du 43.e tableau.

Moderato.

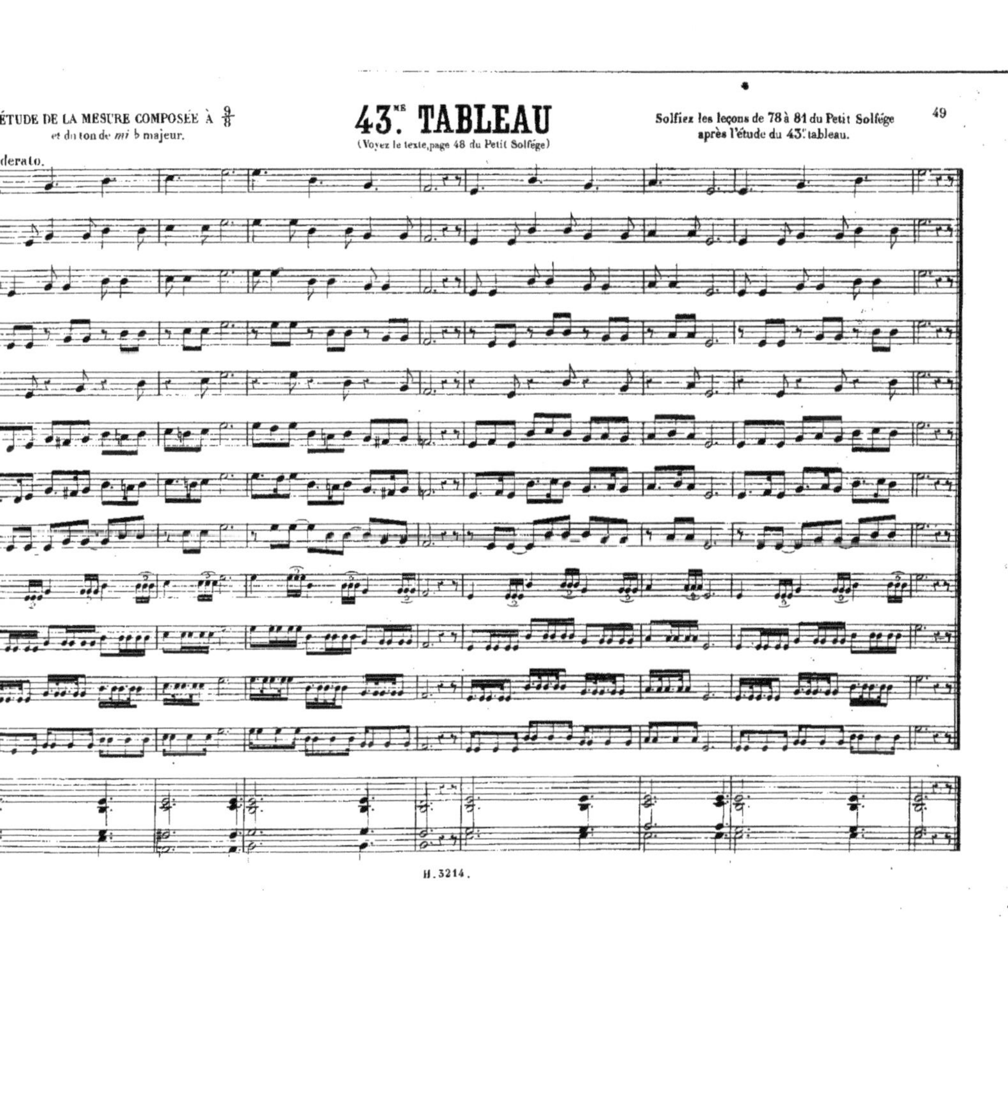

ÉTUDE DE LA MESURE COMPOSÉE À $\frac{12}{8}$
et du ton d'*ut* ♯ mineur.

44.me TABLEAU

(Voir le texte page 48 du Petit Solfége)

Solfiez les leçons 86 et 87 du Petit Solfége après l'étude du 44.e tableau.

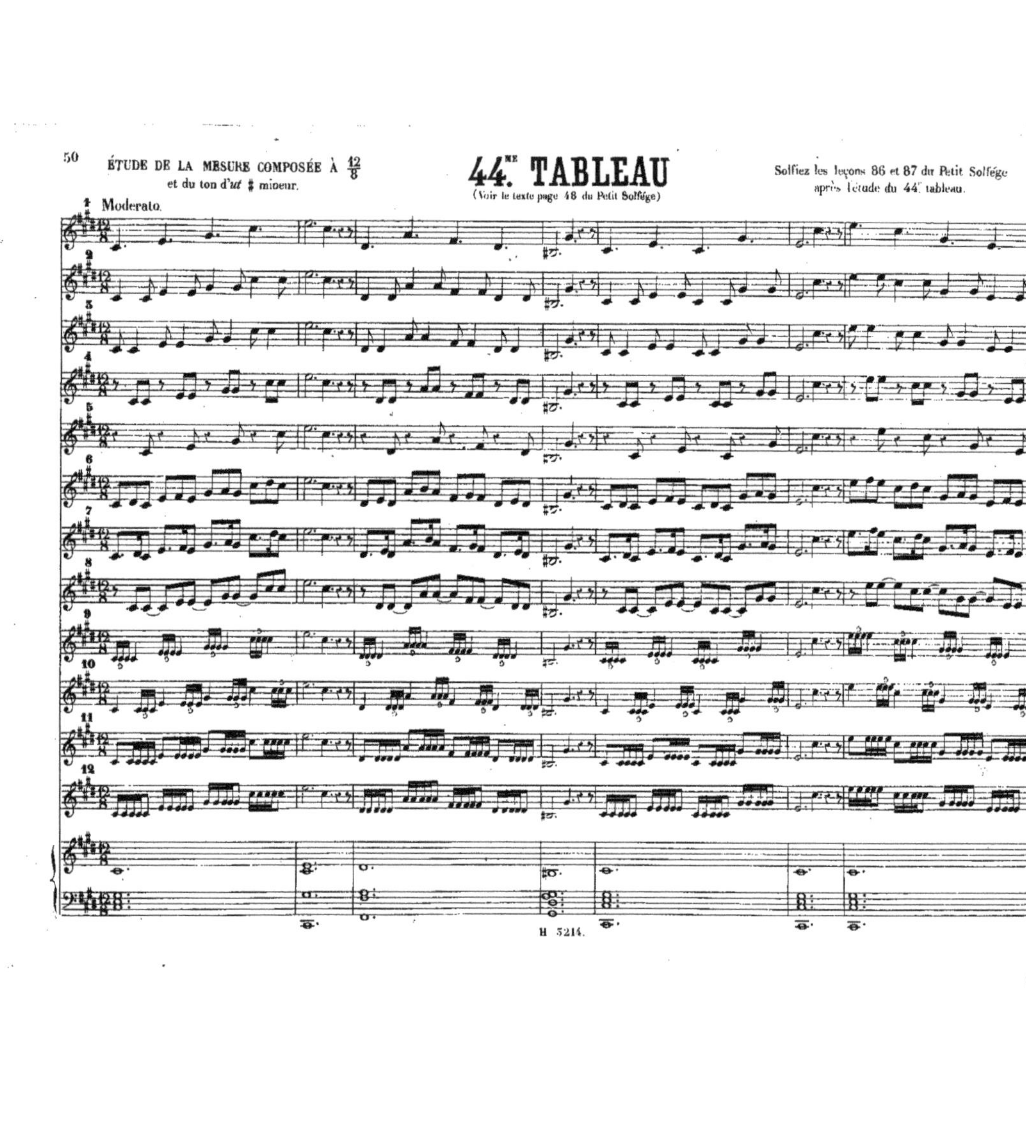

ÉTUDE DE LA CLEF DE *FA* 4e LIGNE
Gamme modèle d'*ut* majeur, mesure à quatre temps.

45me TABLEAU

(Voir le texte, page 198 du Petit Solfége)

Solfiez les leçons, de 90 à 100 du Petit Solfége après l'étude du 45e tableau.

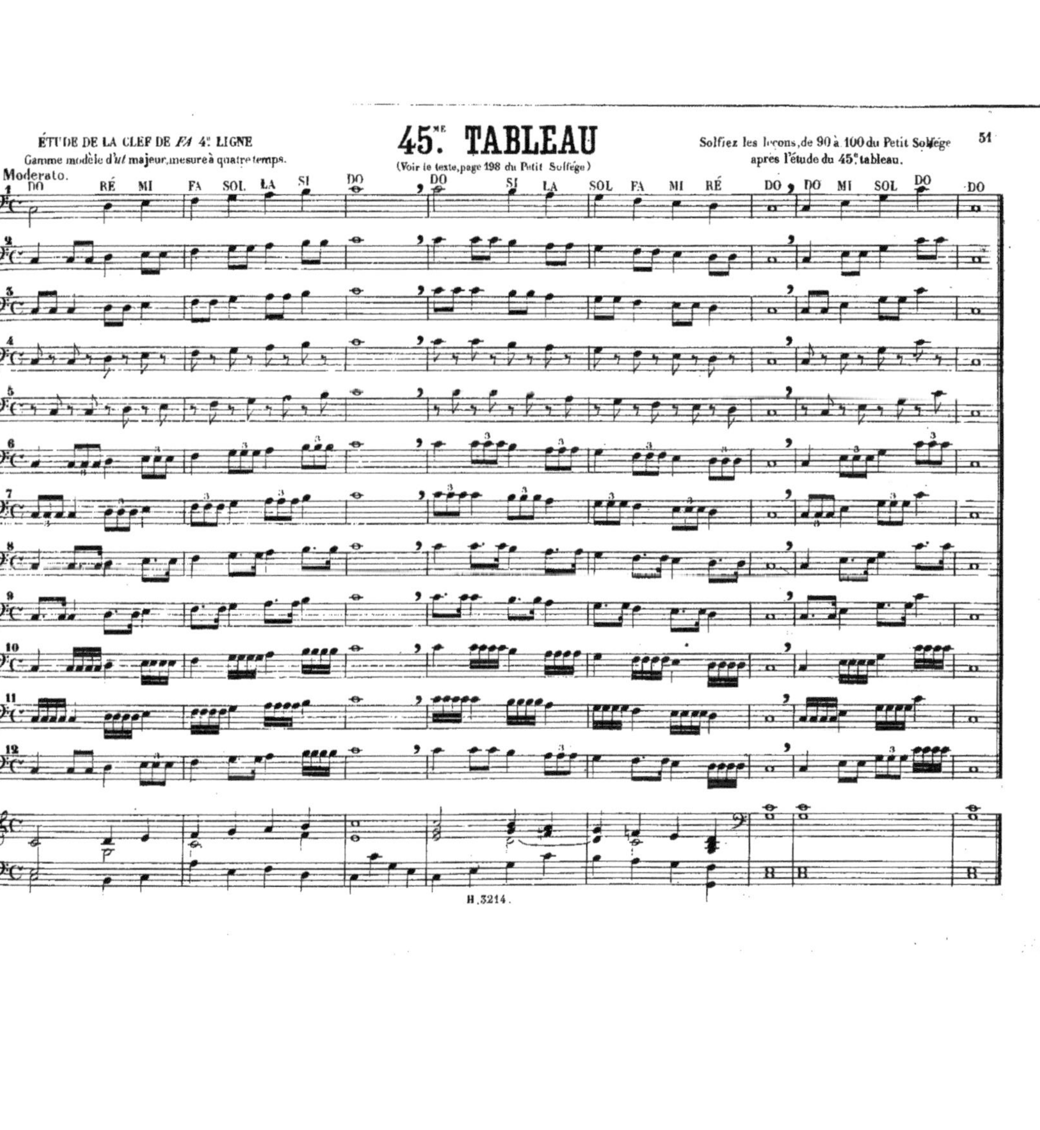

ÉTUDE DE LA TRANSPOSITION.
46.me TABLEAU
36e tableau transcrit en clef de fa 4e ligne.
Exercice en UT majeur clef de FA.
Moderato
1
2
3
4
Faites chanter cet exercice en UT ♯ majeur avec 7 ♯ et en UT ♭ majeur avec 7 ♭.
Accompt
Même exercice transposé en FA ♮ majeur.
Moderato.
Faites chanter cet exercice en FA ♯ majeur avec 6 ♯.
Même exercice transposé en SOL ♮ majeur.
Faites chanter cet exercice en SOL ♭ majeur avec 6 ♭.

46me TABLEAU
(SUITE)

ÉTUDE DE LA TRANSPOSITION.

36e tableau transcrit en clef de *fa* 4e ligne.

Moderato.

Même exercice transposé en *RÉ* ♮ majeur.

1
2
3
4

Faites chanter cet exercice en *RÉ* ♭ majeur avec 5 ♭.

Accompt

Même exercice transposé en *SI* ♭ majeur.

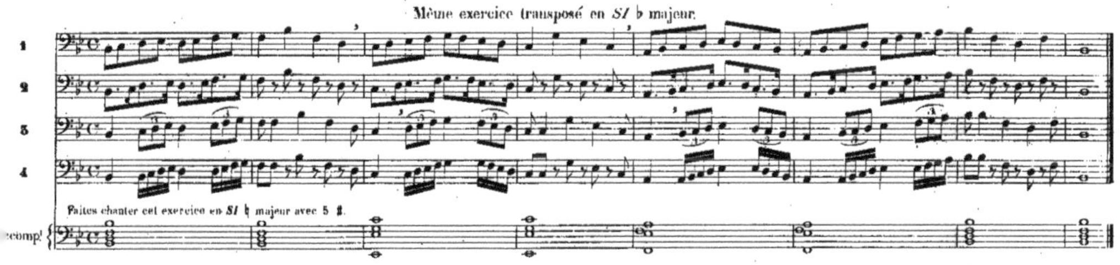

1
2
3
4

Faites chanter cet exercice en *SI* ♮ majeur avec 5 ♯.

Accompt

Même exercice transposé en *MI* ♭ majeur.

1
2
3
4

Faites chanter cet exercice en *MI* ♮ majeur avec 4 ♯.

Accompt

47.me TABLEAU

ÉTUDE DE LA TRANSPOSITION

37.e tableau transcrit en clef de *fa* 4.e ligne.

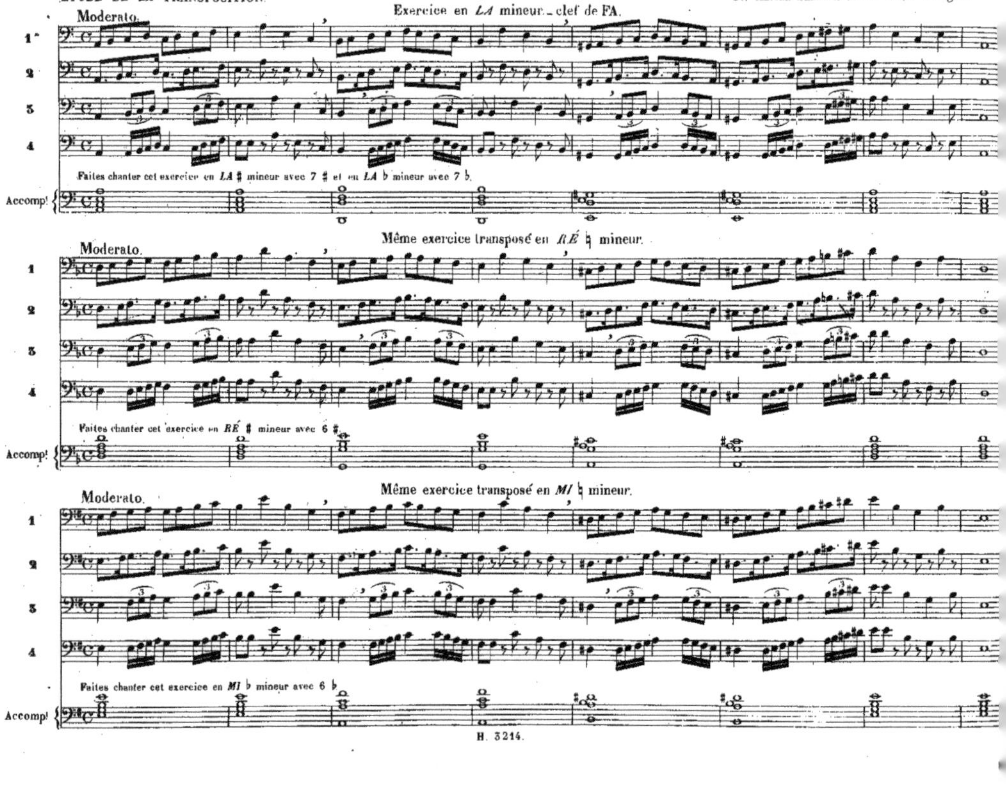

Exercice en *LA* mineur._ clef de FA.

Moderato.

1.e
2
3
4

Faites chanter cet exercice en *LA* ♯ mineur avec 7 ♯ et en *LA* ♭ mineur avec 7 ♭.

Accomp.t

Même exercice transposé en *RÉ* ♮ mineur.

Moderato.

1
2
3
4

Faites chanter cet exercice en *RÉ* ♯ mineur avec 6 ♯.

Accomp.t

Même exercice transposé en *MI* ♮ mineur.

Moderato.

1
2
3
4

Faites chanter cet exercice en *MI* ♭ mineur avec 6 ♭.

Accomp.t

47.me TABLEAU

(SUITE)

ÉTUDE DE LA TRANSPOSITION.

37.e tableau transcrit en clef de *fa* 4.e ligne.

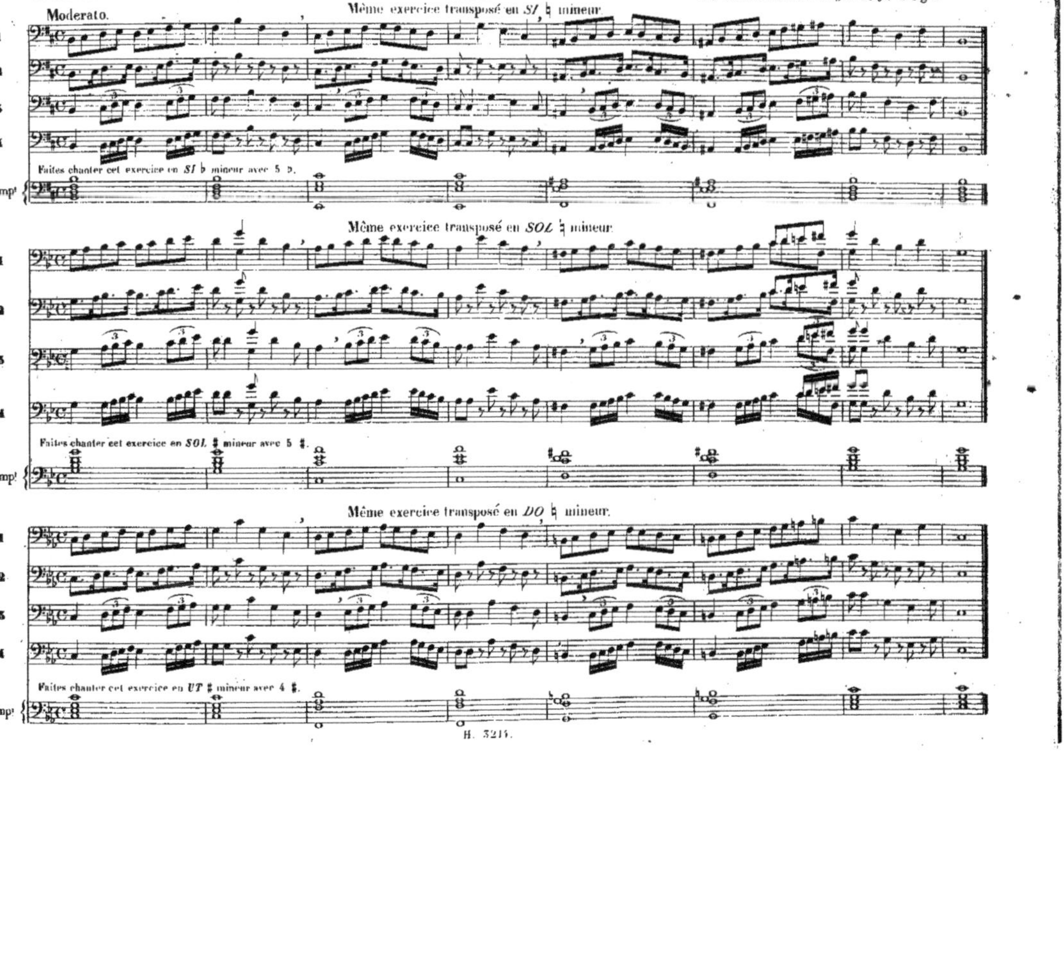
Moderato.
Même exercice transposé en *SI* ♮ mineur.
1
2
3
4
Faites chanter cet exercice en *SI* ♭ mineur avec 5 ♭.
Accomp.t
Même exercice transposé en *SOL* ♮ mineur.
1
2
3
4
Faites chanter cet exercice en *SOL* ♯ mineur avec 5 ♯.
Accomp.t
Même exercice transposé en *DO* ♮ mineur.
1
2
3
4
Faites chanter cet exercice en *UT* ♯ mineur avec 4 ♯.
Accomp.t

ÉTUDE DE LA MESURE À CINQ TEMPS.

48.me TABLEAU

Voir le texte, page 197 du Petit Solfége.

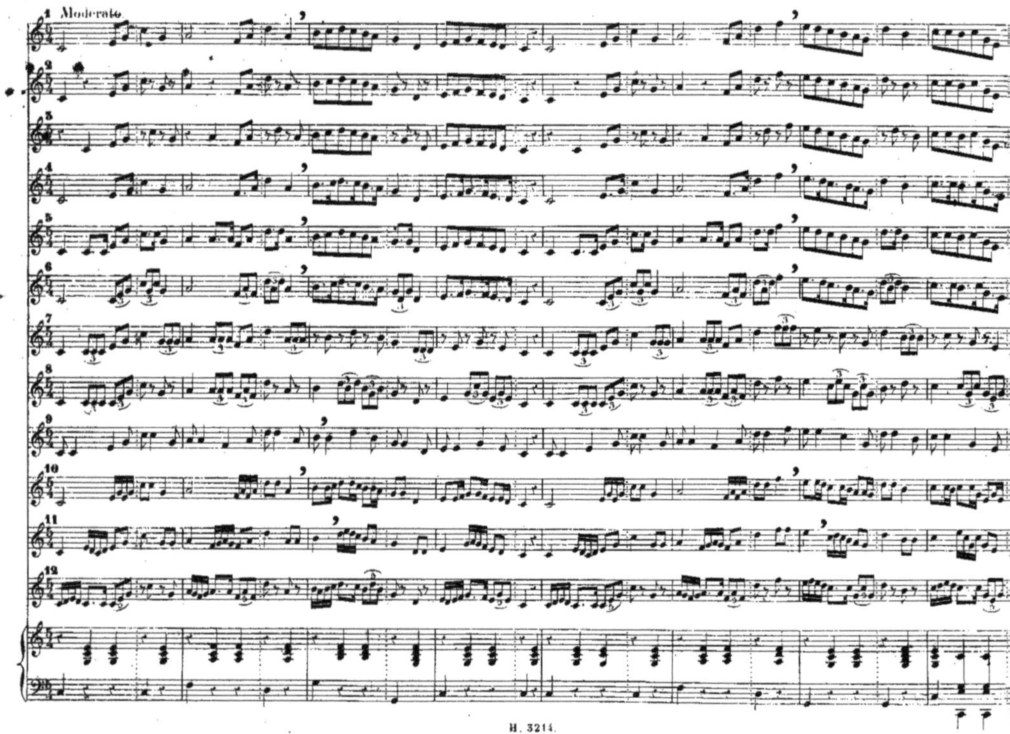

49me TABLEAU

Voir le texte page 197 du Petit Solfége.

Moderato.

1 Appogiatures simples inférieures et supérieures précédant la note essentielle

Effet.

2 Appogiatures doubles précédant la note essentielle.

Effet.

3 Appogiatures doubles placées après la note essentielle.

Effet.

4 Note essentielle placée entre l'appogiature double.

Effet.

5 Même groupe placé après la note essentielle.

Effet.

6 Appogiatures doubles groupées autour de la note essentielle.

Effet.

7 Mordant.

Effet.

8 Double mordant.

Effet.

9 Trille préparé par les appogiatures inférieures et supérieures et terminé par l'appogiature inférieure.

10 Trille terminé par le grupetto.

11 Trille non préparé et terminé par le grupetto.

par abréviation le grupetto s'indique par ce signe ~

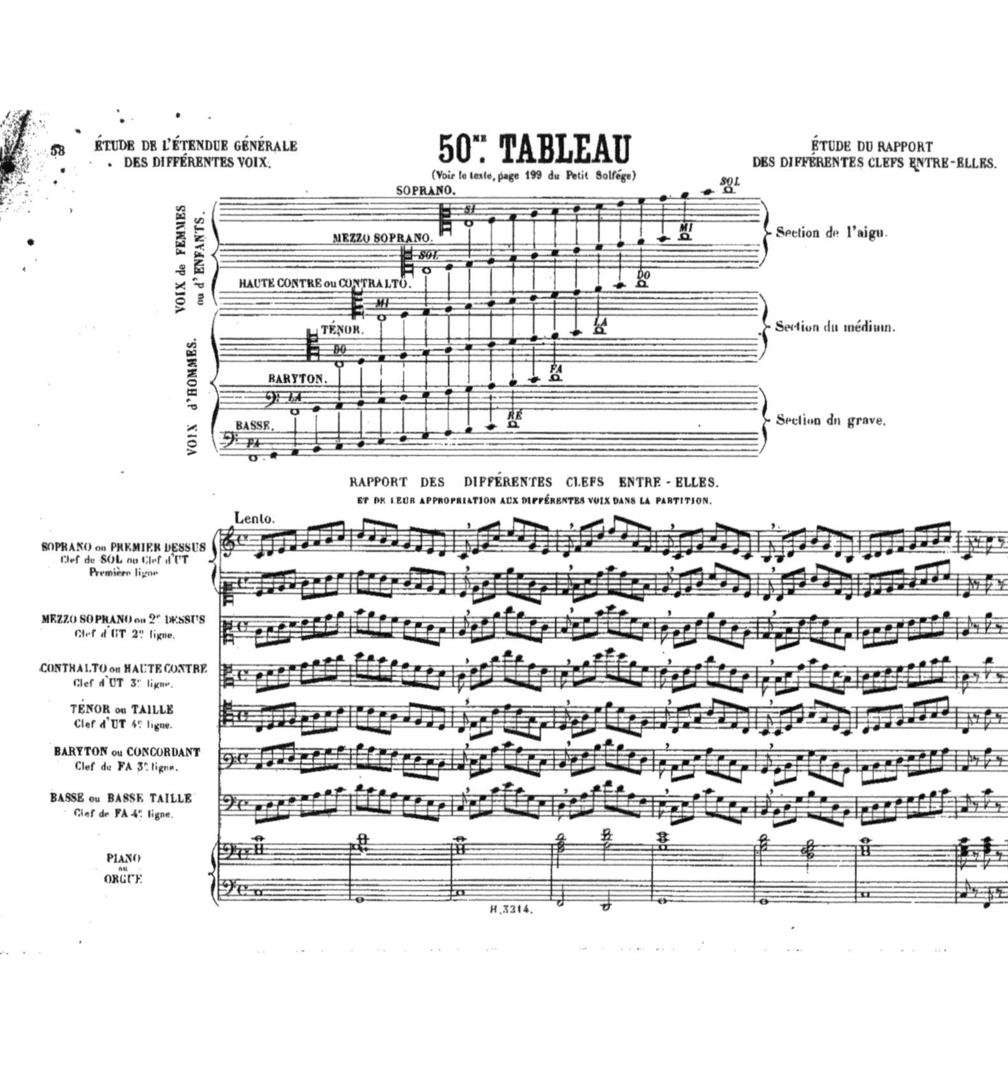
58
ÉTUDE DE L'ÉTENDUE GÉNÉRALE
DES DIFFÉRENTES VOIX.
50me. TABLEAU
(Voir le texte, page 199 du Petit Solfége)
ÉTUDE DU RAPPORT
DES DIFFÉRENTES CLEFS ENTRE-ELLES.
VOIX de FEMMES ou d'ENFANTS.
VOIX d'HOMMES.
SOPRANO.
SI
SOL
MI
MEZZO SOPRANO.
SOL
DO
HAUTE CONTRE ou CONTRALTO.
MI
LA
TÉNOR.
DO
FA
BARYTON.
LA
RÉ
BASSE.
FA
Section de l'aigu.
Section du médium.
Section du grave.
RAPPORT DES DIFFÉRENTES CLEFS ENTRE-ELLES.
ET DE LEUR APPROPRIATION AUX DIFFÉRENTES VOIX DANS LA PARTITION.
Lento.
SOPRANO ou PREMIER DESSUS
Clef de SOL ou Clef d'UT
Première ligne
MEZZO SOPRANO ou 2e DESSUS
Clef d'UT 2e ligne.
CONTRALTO ou HAUTE CONTRE
Clef d'UT 3e ligne.
TÉNOR ou TAILLE
Clef d'UT 4e ligne.
BARYTON ou CONCORDANT
Clef de FA 3e ligne.
BASSE ou BASSE TAILLE
Clef de FA 4e ligne.
PIANO
ou
ORGUE
H.3314.

TABLEAU DU CLAVIER ORDINAIRE À 6 OCTAVES $\frac{5}{4}$.

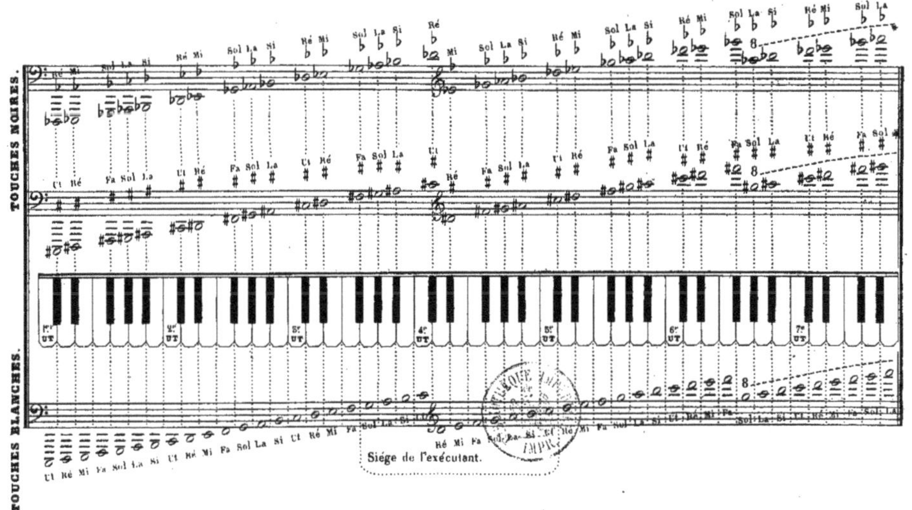

www.ingramcontent.com/pod-product-compliance
Ingram Content Group UK Ltd.
Pitfield, Milton Keynes, MK11 3LW, UK
UKHW021648260726
13994UKWH00003B/1348

9 782329 457871